伝わる
図解化

Easy-To-Understand
Diagram-ization

加藤拓海

Takumi Kato

購 入 者 特 典

図解作成に役立つワークシートが
下記コードよりダウンロードできます。
ぜひ、プリントアウトしてご利用ください。

DLサイト

https://d21.co.jp/special/zukai/

ID：discover3001　　PASS：zukai

伝わらないのは、
あなたの作った
図解 のせいかもしれません──

□ 頑張って作った図解がぱっとしない

□ 図解を見た相手の反応が薄い

□ いつも同じような図解になる

□ 図解が相手の理解を深めているように思えない

□ 伝えたい情報が十分に伝えられていない気がする

□ 図解がただの飾りになっている

□ 図解を作るときに必要な情報が抜け落ちてしまう

□ 図解が「わかりやすい」と言われたことがない

□ 図解で誤解や混乱を招いたことがある

□ 伝わる図解がどういうものか、実はよくわからない

わかりやすくするために作った図解が、
相手の理解を妨げているかもしれません。
大切な情報が抜けてしまっているかもしれません。

それ以前に、
あなたが作った図解が、
あなたを混乱させているかもしれません。

図解はセンスが問われるもの。
私にはセンスがないから、無理。
と思った方もいるでしょう。

図解の良し悪しで大切なのは、
センスではありません。
あくまでも、ロジックです。
つまり、誰でも、基本とルールがわかれば、
伝わる図解を作ることができるのです。

この本は、
伝わる図解とはどういうものなのか、
伝わる図解を作る
思考プロセスをひもとくように
ひとつひとつわかりやすく紹介していきます。

この本を読めば、きっと
あなたも伝わる図解を作れるようになります！

はじめに

どうして伝えたいことがうまく伝わらないのか？
相手に自分の考えをうまく伝えるにはどうしたらいいか？

「わかりやすく伝えるには図解がいい」と、手っ取り早く、使え
そうなフレームワークやツール、Tipsをまとめた本に手を伸ばして
いませんか？

そういった類の本は、巷に溢れています。ですが、実際にうまく
活用できない、という声は少なくありません。

その理由は何か？

それは、テクニックに走って、本質を理解していないからです。
どのフレームワークを使うとよいのか、どのやり方が適当なのか、
選ぶ基準があなたの中に定まっていないからです。

相手に「伝わりやすい」とはどういうことか、考えたことはある
でしょうか？

そもそもの「伝わる図解」の本質を知ることが、伝える力を劇的
に高めるためには、何よりも優先されるべきことなのです。

本書はこれまでに出版されている図解本やデザイン本と比べると、
大きく2つの違いがあります。
1つ目は、**本書は主にビジネスパーソンに向けて書いた**、という点
です。
図解はその見た目から、デザインの表現テクニックの一つだと捉

えられることもあります。しかし、本書では、**図解はあくまで思考を可視化するツール**であると捉え、職種を問わず使えるような内容にしています。

「自分のアイデアを伝えたい」
「みんなでアイデアを出し合いたい」
「整った資料が作りたい」
「相手に聞き直されない形で情報を整理したい」
「上司のようにスッと頭に入ってくる資料を作りたい」
「子どもにもわかりやすく説明したい」
「価値観のすれ違いを解消したい」

もし、自分の思いや考えを相手に正しく伝わる形で紙や資料に表現する力が身についたら、どれほどコミュニケーションが円滑に進むことでしょう。仕事でもプライベートでも、その効果は想像にかたくありません。

図解は、自分の思いや考えを表現するための強力なツールです。

本書では図解について根本から丁寧に解説することで、日常的に図解が使われることを目指しています。

2つ目は、**本書は図解のHowではなく、WhyやWhatを中心に書いた**、という点です。

デザインや図解の本は、例えば「色の数を少なくするとおしゃれに見える」などのように「どうすると良くなるか」、つまりHowについて書かれたものがたくさん書店に並んでいます。しかし、これらの本を読んで真似してみても、うまくいかない。「やっぱり自分にはセンスがなかったんだ」とがっかりする。

でも、資料がきれいにならないのは、あなたのセンスがないからではありません。

「なぜ色の数を少なくするとおしゃれに見えるのか」というWhyや、「何を基準に色数を少なくするのか」というWhatを学ばずに、Howというテクニックだけを学んでいるからです。本質をつかめないままテクニックだけ真似ようとしても、なかなか身につきません。

そこで、本書では「なぜ図解をするのか」「図解の何が良いのか」「図解とは何で、何でないのか」「図解の要素とは何なのか」などのWhyやWhatに重点を置き説明しています。

また、図解の作り方などのHowについても、細かいテクニックの話ではなく、作り方の根本的な流れや普遍的な判断基準、王道の型など汎用性の高い内容に絞って書きました。

とはいえ、抽象的な話に終始してしまうと、実際に図解を作るイメージがわかないことでしょう。

そこで、「はじめに」ではイメージのとっかかりとして、おそらくいちばん身近な「地図」の作り方を例に説明したいと思います。

地図も立派な「図解」です。伝わる地図の作り方には、手順やコツが存在します。さっそく見ていきましょう。

「伝わる地図」の作り方を大公開

本文で詳しく解説しますが、**図解は、基本的に3Stepで作ります。**

その3Stepとは「整理」「整頓」「図化」です。
「整理」とは、情報のうち不要なものを捨てること。「整頓」とは、情報の要素や関係の切り口を揃えること。「図化」とは、情報を図解の形式に変換することです。

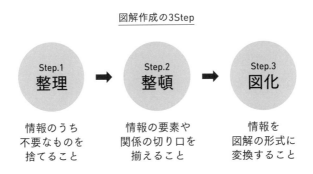

図解作成の3Step

Step.1 整理	Step.2 整頓	Step.3 図化
情報のうち不要なものを捨てること	情報の要素や関係の切り口を揃えること	情報を図解の形式に変換すること

例えば、小学生の子どもに、最寄り駅から自分の家までの道順を教えるとします。スマートフォンの地図アプリなどで案内するのもよいのですが、わかりやすくするために、地図アプリで表示されるような画像を、簡潔な図解に変換していきましょう。

Step.1 整理

　Step.1の「整理」では、元の地図から不要な情報を捨てて、重要な情報のみを残すことを目指します。

　何を残すか、何を捨てるかというのは、目的や優先順位によって変わります。

　今回の場合、地図を図解する目的は「最寄り駅から自分の家に小学生の子どもがたどり着くこと」。

　残すべき重要な情報は、出発地（最寄り駅）と目的地（自分の家）、通ってきてほしい道、そして、その道の目印となる建物になります。

　逆に、捨てるべき不要な情報は、通ってきてほしい道とは関係のない道や建物などです。

　ここで1つ考えるべきことがあります。優先順位です。

　出発地から目的地までの道のわかりやすさを優先するのか、安全性を優先するのか、時間の早さを優先するのか、はたまたそのバランスを取るのかで、選ぶ道は変わりうる、ということです。

　優先順位が変われば、残すべき情報や捨てるべき情報が変わってきます。

　具体的に、どんな通り道の候補があるかを見てみましょう。

　まずは、出発地をStartの頭文字「S」、目的地をGoalの頭文字「G」で示します。

　すると、SからGへの行き方の候補は、大きく3通りあることが
わかります。

それぞれの通り道がどんな道か、書き出してみます。

▸ 1の道

通り道全てに歩道があり安全かつ早く到着できるが、曲がる場所に目印の建物がなく十字路でもないので、間違えやすい

▸ 2の道

歩道があるのは大通りのみ。歩道のない道は幅が広く比較的安全。3回曲がる必要があるが、目印の建物がある

▸ 3の道

歩道があるのは大通りのみ。歩道のない道の幅は狭く、すれ違う車との距離が近い。3回曲がる必要があるが、目印の建物がある。1や2に比べて時間がかかる

　今回の相手は小学生なので、曲がる回数は多少多くても、目印となる建物があり、かつ比較的安全な道だけを通ってくることができる2の道を選ぶことにします。

通り道を選んだら、「2の道を通って駅から家までたどり着いて
ほしい」という目的に対して、不要な情報を捨てて、重要な情報の
みを残す（＝整理する）ことを考えてみましょう。

　出発地である駅や目的地である家は、残すべき重要な情報です。

　通り道はもちろん、通り道に交差する道も「何本目を曲がればい
いか」の指標になるので、重要な情報になり得ます。

　2の道の曲がり角にある建物や、通り沿いにある目印となりそう
な場所も重要な情報と言えそうです。

　また、もし道を間違えてしまったときに、間違えたことがわかる
ような建物・目印も残しておきたい情報になるかもしれません。

　重要な情報や、残すと決めた土地を四角形で、道を点線で表して
みたのが次の図です。

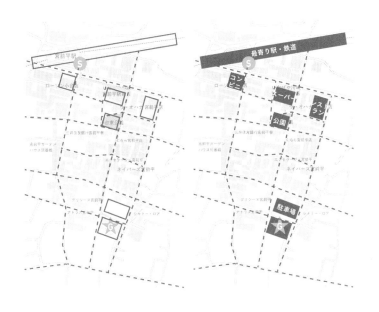

　ここまでで、Step.1 の整理は終わりです。

Step.2 整頓

　Step.2の「整頓」では、Step.1で整理した情報の持つ要素や関係を考えて、情報の切り口を揃えていきます。

　情報の持つ要素や関係とはどういうことでしょうか。
　情報の持つ要素（Element）とは、例えば今回の地図の場合には、最寄り駅や自分の家、コンビニなどの「地図に実際に描かれているものそのもの」を指します。また、駅やコンビニは"建物"ですが、公園は"建物"ではありません。公園は"空き地"です。このように要素には個別の特性があり、属性（Attribute）と呼ばれます。
　情報の関係（Relationship）とは、「要素どうしの関連性や結びつき」のことです。地図では「最寄り駅は自分の家よりも北にある」という、方角（東西南北）が関係として使われています。

　さて、要素や属性、関係を洗い出して切り口を揃えてみましょう。
　まずは地図に登場する情報の要素を、属性で分けて整頓します。地図に登場する要素は、まず、土地か道かで、大きく2つの属性に分けられます。土地はさらに建物か空き地かで分け、道は2車線以上か1車線かで分けていきます。

属性で要素の切り口を揃えてみた結果

土地		道
建物	**空き地**	2車線以上の道
• 最寄り駅	• 公園	1車線の道
• 自分の家	• 駐車場	
• コンビニ		
• スーパー		
• レストラン		

次は、地図に登場する情報の関係を整頓してみます。

　一般的に、地図は方角（東西南北）という関係によって、上が北、下が南、左が西、右が東、の並びで整頓されています。

　しかし、今回は駅から家に向かってくる状況ですから、駅を出たときに向いている方向を地図の上とした方が、相手はわかりやすいかもしれません。

　今回は、地図の上下左右は「方角（東西南北）の北が上」ではなく、「駅を出たときに向いている方向が上」という関係で整頓してみましょう。つまり、先程の地図を180度回転させます。

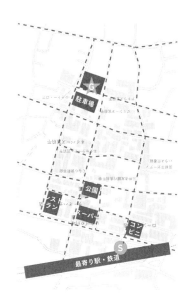

　整頓することで相手が使いやすい地図に一歩近づきました。

　ここまででStep.2の整頓は終わりです。

Step.3 図化

　Step.3の「図化」では、Step.1の「整理」で残した重要な情報を、Step.2の「整頓」で揃えた切り口に従って、図に落とし込んでいきます。

　出発地（最寄り駅）、目的地（自分の家）、通り道を、明確に区別できるように、文字や矢印、図形の形や色を使って区別して、図に反映していきます。

　今回は、次のように区別してみました。

	土地		道
建物	**空き地**		**2車線以上の道**
● 最寄り駅	● 公園		→太い灰色の線
→濃い灰色の多角形	→灰色の多角形+黒文字		**1車線の道**
● 自分の家	● 駐車場		→細い灰色の線
→濃い灰色の多角形	→灰色の多角形+黒文字		**通り道**
● コンビニ			→色付きの矢印
→黒色の多角形			
● スーパー			
→黒色の多角形			
● レストラン			
→黒色の多角形			

　こうして「整理」「整頓」「図化」の3Stepに沿って完成した図解がこちらです。

Easy-To-Understand Diagram-ization

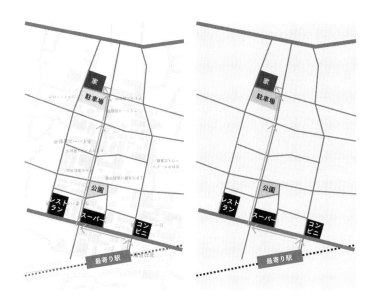

　「最寄り駅から自分の家に小学生の子どもがたどり着くため」という目的に対し、重要な情報以外を捨て（整理）、情報の要素と関係の切り口を揃え（整頓）、文字や図形に落とし込み（図化）ました。

　この地図なら、迷わず安心してたどり着けそうです。

　このように、図解には作り方のコツがあります。

　本書では、作り方というHowに加えて、その背景にある図解のWhyやWhatをしっかりと解説しますので、伝わる図解を作る力を基礎から固められます。

　図解のWhy、What、Howという一本の軸を通して学ぶことで、図解の基本を体系的に理解するきっかけになれば幸いです。

本書の構成

　本書の構成は次のようになっています。

　必要なところから読み始めて構いませんが、具体的なHowを知りたい人は第3章または第4章から、基本から理解したい人は、第1章から順番に読んでいくことをおすすめします。きっとあなたの図解力は基礎から固められ、強固なものとなるでしょう。

第1章　図解のWhy&What①　「図」と「図解」を区別する

　私たちの身の回りは図が溢れていますが、意味が直感的に理解できる「わかりやすい図」もあれば、何を伝えたいのかよくわからない「わかりにくい図」もあります。また、「図」の他にも「図解」という言葉もよく使われています。第1章ではまず「図」と「図解」の違いを目的（Why）、要素（What）、方法（How）の3つの観点から整理整頓して明確にした上で、「図解」の定義について説明します。この章を読めば、図解の全体像をつかめるはずです。

第2章　図解のWhy&What②　「伝わる図解」を定義する

　第1章で説明する、図と図解の2つの違いのうち、1つ目「図解には理解させる目的がある」について詳しく説明していきます。理解とは何か、から入り、わかるとは何か、わかりやすさとは何か、などのテーマで具体例を交えながら考察を進めていき、"良い図解"の定義や図解の本質に迫っていきます。自分が作る図解だけでなく他の図解を見たときにも、それが良い図解なのか、良くないとしたらどんな理由で良くないのか、を説明できるようになるでしょう。

第3章　図解のHow①　図解化のための思考のプロセス

〜「図解の文法」と「図解作成の3Step」〜

　第1章で説明した、図と図解の２つの違いのうち、２つ目「図解は分解の文法に沿って作る」について詳しく説明していきます。分解の文法には３つの手順と２つの基準があり、前半は３つの手順「図解作成の3Step」をひとつずつ紐解いていきます。後半は２つの基準「目に従う」と「脳に従う」について、具体例を交えながら説明していきます。これから実際に図解を作り始める人には、この章が参考になるでしょう。また、すでに我流で図解を作っている人も、図解の作り方の全体像を知ることで、自分の作り方を見直したりブラッシュアップしたりすることができるはずです。

第4章　図解のHow②　図解化のための基本の型

〜「図解フレームワーク9」〜

　私たちの身の回りにある図解の9割は、9つの型「図解フレームワーク9」の組み合わせで表現されています。9つの図解フレームワークの構造を図解の定義と照らし合わせることで関係性をつかみ、図解を作る意図に合わせて型を選べるようになることを目指します。また、9つの型について、型の概要や使い時、特徴や注意点などを簡単に説明します。この章で9つの型について学べば、身の回りの図解がどの型の組み合わせでできているかを分類することができるようになり、どこをどうするとより良い図解にできるかがつかめるようになるでしょう。

目次
CONTENTS

第 2 章

図解のWhy&What ②

「伝わる図解」を定義する

第 3 章
図解のHow①
図解化のための思考のプロセス
「図解の文法」と「図解作成の3Step」

第4章

図解のHow ②

図解化のための基本の型
「図解フレームワーク9」

図解の
Why & What
①

「図」と「図解」を区別する
図と図解の違い、図解の定義

図と図解の違い、説明できますか?
この章では、両者の違いを
明確にしたうえで、図解の定義を進めます。
「Why（目的）」「What（要素）」「How（方法）」の
3つの視点で分析します。

図と図解の違い、図解の定義

	図 Figures	図解 Diagram
目的 Why	ある場合もない場合もある	「理解させる（=解き示す）」 という目的がある
要素 What	字・図形・画	字・図形・画
方法 How	特になし	「分解（dia）の文法（gram）」に 沿って作る

図解とは

Why	誰かに速く・深く・正しく理解してもらうために、
What	字・図形・画を用いて、
How	分解の文法に沿って作られた図のこと

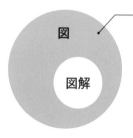

「図だけど図解ではない」3パターン

Pattern.1
「理解してもらうため」に
作られていない

Pattern.2
「分解の文法」に沿って
作られていない

Pattern.3
「理解してもらう」ことを
促進していない

身の回りは図で溢れている

　デパートのフロアマップ、道路標識、地図、家具の組み立て説明書、ごみの分別表、プレゼンテーション資料…。

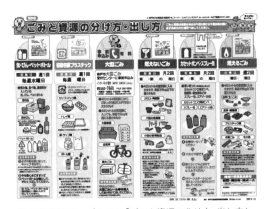

出典：神戸市ウェブサイト「ごみと資源の分け方・出し方」
https://www.city.kobe.lg.jp/a04164/kurashi/recycle/gomi/
dashikata/book.html

私たちの日常はさまざまな図で溢れており、「図を見ない日はない」と言っても過言ではありません。

　しかし、身の回りにある図にも、意味がスッと理解できる「わかりやすい図」もあれば、意味がなかなか理解できない「わかりにくい図」もあります。

　「わかりやすい図」を見ると、モノの操作方法が直感的にわかったり、複雑だと思っていたものの全体像が見えてスッキリしたりと、私たちの理解にかかる時間や手間は大幅に短縮されます。

　反対に、「わかりにくい図」だと、操作方法や全体像のイメージがつかめなかったり、むしろ、図のせいで混乱したり、意味を間違えてしまうこともあるかもしれません。

　では、「わかりやすい図」と「わかりにくい図」の違いは何なのでしょうか?

　また、似ているが異なる意味を持つ言葉である「図」と「図解」の違いは何なのでしょうか?

　そして、どうすれば私たちは、わかりやすい図や図解を作ることができるのでしょうか?

　第1章ではまず、図と図解の違いから考えることで、図解とは何であり、何でないのかを読み解いていきましょう。

どれが図で、どれが図解か

　さて突然ですが、クイズです。

　次の①〜⑥の画像を図と図解のどちらかに分けるとしたら、どれが図で、どれが図解になるでしょうか？

①カーテンの模様
②資料スライドの図版
③デパートのフロアマップ
④Webページのデザイン
⑤絨毯の柄
⑥楽譜

<u>どれが「図」でどれが「図解」？</u>

① カーテンの模様

② 資料スライドの図版

③ デパートのフロアマップ

④ webページのデザイン

⑤ 絨毯の柄

⑥ 楽譜

②出典：厚生労働省「医療・介護制度改革について」P1

直感的に、①カーテンの模様や⑤絨毯の柄は図に、②資料スライドの図版や③デパートのフロアマップは図解に分けられたのではないでしょうか。

　④Webページのデザインや⑥楽譜は図か図解か迷う方が多いかもしれません。おそらく④Webページのデザインは図解に、⑥楽譜は図に分ける人が多いでしょうか。

直感的な図と図解の分け方

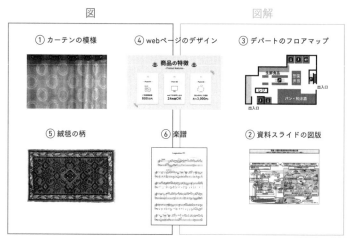

②出典：厚生労働省「医療・介護制度改革について」P1

では答えです。

本書では④Webページのデザインを図に、⑥楽譜を図解に分けます。さらには、②資料スライドの図版も図として扱います。

本書における図と図解の分け方

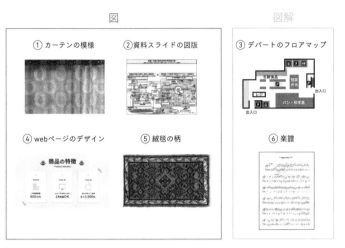

②出典：厚生労働省「医療・介護制度改革について」P1

なぜスライドが図で、楽譜が図解なのか、疑問に感じるかもしれませんが、今はぐっと飲み込んでおいてもらいつつ、もうひとつ質問です。

画像の②と③を比べると、どちらの方がより早く、より正確に内容を理解できそうでしょうか？　また、それはなぜでしょうか？

どちらが早く正確に内容を理解できそう？ それはなぜ？

②資料スライドの図版

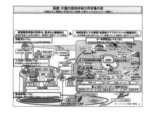

②出典：厚生労働省「医療・介護制度改革について」P1

③デパートのフロアマップ

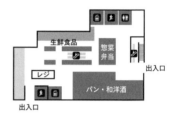

　前者についてはすぐに③だと答える方がほとんどでしょう。ですが、その理由はパッとは答えられないかもしれません。
　この理由こそが、本書での図と図解の定義に関わるものです。

　本書を読み進め、図と図解の違いを理解すれば、きっと「たしかにこう分けたほうがスッキリする」と感じていただけるはずです。

　それでは図と図解の違いを順を追って見ていきましょう。

図と図解の違いって何だろう？

　皆さんは普段、「図」と「図解」という2つの言葉を、意識して使い分けていますか？

　おそらく意識して使い分けているという人はほとんどいないでしょう。多くの方がなんとなく無意識で使っているかと思います。

　また、改めて考えてみると、そもそも図と図解の違いを知らない、なんとなくニュアンスで違うとは感じているけれど、説明するのは難しい、という方も少なくないのではないでしょうか。

　デジタル大辞泉で「図」という言葉を調べてみると、次のように書いてあります。

> ▶ **ず【図】**
> ①物の形や状態を描いたもの。絵図・地図・図面など。「掛け図」「見取り図」
> ②点・線・面が集まって一つの形を構成しているもの。図形。
> ③物事のようす。状態。「見られた図ではない」
> ④考えどおり。思うつぼ。「謀（はかりごと）の—を外させ」〈浄・矢口渡〉
> ⑤くふう。計画。「何にてもあたらしい思ひつき、今迄ない—を案ずるに」〈浮・敗毒散・一〉
> ⑥十二律の各音階の正しい調子を書き表したもの。「当寺の楽は、よく—を調べ合はせて」〈徒然・二二〇〉

どうやら「図」という言葉にはいくつかの意味があるようです。

①の「物の形や状態を描いたもの。絵図・地図・図面など」はおそらく皆さんが「図」と聞いて一番に思い浮かべるものではないでしょうか。冒頭で紹介したデパートのフロアマップも、①の意味に当てはまるものです。

②の「点・線・面が集まって一つの形を構成しているもの。図形」はどうでしょうか。三角形や四角形、円などを指しています。こちらも「図」と聞いて一番に思い浮かべた方がいるかもしれませんし、図ではなく「図形」として区別している方もいると思います。

③以降の意味は、現代の生活の中ではほとんど使うことはなさそうです。③の「物事のようす。状態」は①や②の意味よりも少し抽象度が高いですが、近い意味にも見えます。

④の「考えどおり。思うつぼ」や⑤の「くふう。計画」はさらに抽象度が上がり、地図や図形という意味と結びつけるのも難しくなってくる印象があります。

⑥の「十二律の各音階の正しい調子を書き表したもの」に至っては、現代で図という言葉をこの意味で使う人はあまりいないのではないでしょうか。

ここまでをまとめると、図には6つの意味がありますが、そのうち普段私たちが使う意味は①の「物の形や状態を描いたもの」と②の「点・線・面が集まって一つの形を構成しているもの」の2つ。また、あえて1つの意味に絞るとすれば、**図の中心的な意味とは「物の形や状態を描いたもの」**であり、「**点・線・面が集まって一つの形を構成しているもの**」は図形という言葉に分けることができそうです。

　次に図と図形の違いを英語で表現してみましょう。その場合、図形（点・線・面が集まって一つの形を構成しているもの）は“Figure”に、そして図（物の形や状態を描いたもの）は“Figures”というイメージになります。
　図形は「一つの形を構成しているもの」という定義なので単数形のFigureが当てはまります。図は「物の形や状態を描いたもの」という定義であり、図形が1つ以上集まっているものなので複数形のFiguresが当てはまるでしょう。

図と図形の違い（「デジタル大辞泉」による定義）

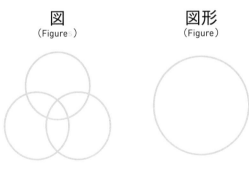

図
(Figures)

物の形や状態を
描いたもの

図形
(Figure)

点・線・面が
集まって一つの形を
構成しているもの

「Figure」を「ロングマン現代英英辞典」で調べてみると、たくさんの意味が書かれていますが、そのうち図・図形に当てはまる意味を抜粋すると、次のように書いてあります。

> **fig・ure**
> ・ a geometric shape

　この英文をGoogle翻訳で訳してみると「幾何学的形状」となるので、Figure ＝ 図形という解釈で大きなずれはなさそうです。また、図を「図形を１つ以上集めて物の形や状態を描いたもの」とすれば、Figures ＝ 図 という解釈でも相違なさそうです。

　では、次に「図解」という言葉を同じく「デジタル大辞泉」で調べてみましょう。次のように書いてあります。

> **ず － かい【図解】**
> ・図を用いて解き示すこと。また、その書物。「エンジンの構造を図解する」

　「図」とは異なり、書かれている意味は１つです。
　「図解」とは、「図を用いて解き示すこと。また、その書物」。意味に「図」と「解」の２文字が入っています。たった２文で書かれた定義ですが、「図」と「図解」の違いを表す重要な表現が含まれているため、細かく説明していきます。
　まずは２文目から見ていきましょう。「その書物」と書かれていますが、現代では書物に限らず、印刷物やweb形式の画像も図解と言っていいでしょう。１文目が「～解き示すこと」という動作を表しているのに対して、その動作を行った"モノ"自体も図解と呼ぶのだ、という認識でよさそうです。

さて、注目したいのは1文目です。「図を用いて解き示すこと」と書かれています。「図を用いて」、つまり図解とは、図を手段とすることであり、その目的は何かを「解き示すこと」なのです。「デジタル大辞泉」の定義の順番を書き換えると、**図解とは「解き示すために図を用いること。解き示すために図を用いたもの」**なのです。

　このように、図の定義においてはその目的について特に触れられていませんが、図解の定義については目的について触れられているというのが違いのひとつと言えるでしょう。

　また、図解の定義にある「図を用いて」の図は、図の定義の2つ目にあった「点・線・面が集まって一つの形を構成しているもの」、つまり図形に近いものだとも言えそうです。なぜなら、「図」の1つ目の定義は「物の形や状態を描いたもの」であり、これは「図解」も同じく描いたものであることには変わりがないからです。

　違うのはやはり、解き示すという目的が明確であること、そしてそのための手段として「図」（図形）を用いることでしょう。

「図解」は英語で表現すると、"Diagram"になります。「Diagram」を「ロングマン現代英英辞典」で調べると、次のように書いてあります。

> ▸ di・a・gram
> ● a simple drawing or plan that shows exactly where something is, what something looks like, or how something works

　この英文をGoogle翻訳に入れてみると「何がどこにあるか、どのように見えるか、または何がどのように機能するかを正確に示す簡単な図または計画」と訳されます。
　「何がどこにあるか」「どのように見えるか」「または何がどのように機能するか」の3つの内容について、こちらもやはり「示す」ということが目的ですね。

　注目したいのは「正確に（exactly）」と「簡単な（simple）」です。内容は正しく示す一方で、表現は簡単・シンプルにする。どうやら単純な「図」よりも高度なことを求められそうです。「どうすれば正確に簡単な図を描けるのか？」については後ほど説明します。
　翻訳の最後の「計画」については、「図」を「デジタル大辞泉」で調べたときの定義にも出てきました。
　本書では「図」でもお伝えしたとおり、「物の形や状態を描いたもの」を「図」の中心的な意味として扱っていきたいと思います。

　いかがでしょうか。図と図解の違いについて、より具体的なイメージを持てましたか。

図と図解の違いを定義する

ここまでの話をまとめてみましょう。

各辞書を元にした定義と「図ではあるけれど図解でない例」から
わかるように、図解とは図の中に含まれる言葉だと言えます。そし
て、図と図解の違いを、3つの切り口、①目的（Why）、②要素（What）、
③方法（How）の3つの切り口で整頓すると、次の表のようになり
ます。

図と図解の違い

	図 Figures	図解 Diagram
目的 Why	ある場合もない場合もある	「理解させる（＝解き示す）」 という目的がある
要素 What	字・図形（Figure）・画	字・図形（Figure）・画
方法 How	特になし	「分解（dia）の文法（gram）」に 沿って作る

図と図解の違い① 目的：なぜ作るのか？（Why）

まずは、図と図解を「なぜ作るのか？」という目的で比べてみます。
「図ではあるけれど図解でない例」で挙げたように、「子どもが思
いつくままに描いた図形の集まり」は図とは呼べても、図解と呼ぶ
ことは難しそうです。理由は、図解には「解き示すこと」という目
的があるからです。思いつくままに描くという行為には、何かを解
き示したいという目的・意図は（ほとんどの場合）ありません。

また、「なぜ作るのか？」という目的が「解き示す」ことだと伝
えましたが、「解き示す」は図解を作る側のニュアンスが強い言葉
であり、あまり日常的に使う言葉でもありません。結局、図解を使っ

て自分が解き示すことでそれを見た相手にどんな変化を与えたいのか、という視点から言葉を選び直すと、「図解」は相手に何かを「理解させる」ために作られる、つまり **「図解」の目的は「理解させる」こと**だと言えるでしょう。

　では、なぜ、「理解させる」ために図解を使うのでしょうか?

　私たちは他にも、何かを表現し、伝える手段をたくさん持っています。例えば代表的な伝える手段に文章があります。図を用いずとも、文字を連ねるだけで伝えて理解させることはできます。他にも、音声、つまり話して何かを伝えたり、また、絵を描いて伝えたりしています。「表現を伝える」というところまで広げてみると、ダンスやジャグリング、歌舞伎といったものも、雰囲気や世界観を理解させるための手段だとも言えます。

　数多くの手段の中で、私たちが「図解を使って何かを理解させよう」とするのはなぜなのでしょうか。
　「図解を使って何かを理解させよう」と、図解を選ぶときと場合にはどんな条件があるのでしょうか。
　これは、図解と他の伝える手段(文章、音声、絵など)の特徴の差を読み解くことでヒントが得られます。

文章、音声、絵などのさまざまな伝える手段から「理解させる」ための手段として図解が選ばれる理由や状況について、例を使って考えてみましょう。

　例えば「あなたの理想のマイホームを説明してください」と言われたとき。伝える手段の候補には、図解、文章、音声、絵の4つがあるとしましょう。あなたはどの手段を選びますか？　それを選んだのはなぜでしょうか？　4つの手段をどのように比較検討しましたか？

4つの伝える手段

　ここでは、これら4つの手段の特徴を次の2つの観点で比較します。

①理解度。つまり、どれだけ詳細に理解できるか
②理解にかかる時間

2つの観点でそれぞれ詳しくみていきましょう。

まずは①理解度。「どれだけ詳細に理解できるか（≒情報量の多さ）」については、一般的にイメージされる図解、文章、音声、絵を思い浮かべた場合、一番詳細かつ情報量が多いのは絵だといえます。「こんな庭があって」「キッチンはこんな感じで」「間取りはこうで」など、絵を描いて説明できると細かな造りやニュアンスも伝えることができます。

逆に一番伝えづらいのは何でしょうか。「相手が理解できるか」という視点で考えると、音声が難しそうでしょうか。聞く側は耳で聞いた情報を頭の中でイメージする必要があるので、伝える側と聞く側でも認識のずれが起こりそうです。

絵と音声の間に入るのが図解か文章ですが、「視覚化できる」という意味では図解の方が詳細に理解してもらえそうです。

以上をまとめると、理解度で比較した場合、高い順に、絵、図解、文章、音声となりそうです。

次に、「②理解にかかる時間」についてですが、一般的には、情報量が少ないほど理解にかかる時間は長くなります。また、絵や図解などの視覚中心の情報は文章よりも内容が理解しやすく、文章は音声よりも早く理解できます。

美術館で絵を見るときを思い浮かべるとよいかもしれません。

もちろん個人差はありますが、作品自体（絵や図解）を見て内容をつかみ取るスピードと、作品の解説（文章）を読んで理解するスピード、そして音声ガイドを聞いて理解するスピードを考えると、理解にかかる時間が短い順に絵、図解、文章、音声となりそうです。

さて、ここまでの話を図にしてみましょう。

「①理解度」を縦軸に「②理解にどれだけ時間がかかるか」を横軸にとって、絵、図解、文章、音声の4つを当てはめてみると、次の図になります。

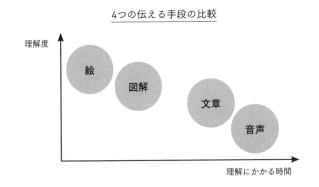

4つの伝える手段の比較

理解度

絵　図解　文章　音声

理解にかかる時間

ここで、「理解効率」という新しい概念を考えてみたいと思います。

　理解効率を「理解にかかる時間に対する理解できる度合い」とおくと、①÷②という数式で表せます。これは図でいうと「4つの表現それぞれと原点の角度の大きさ」で表すことができます。そして理解効率で4つの手段を評価してみると、「理解効率が良い（＝角度が大きい）ほど、理解させる手段として良いものだ」と言えます。

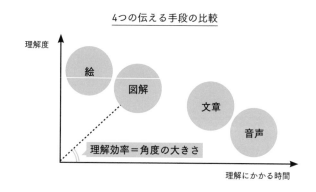

4つの伝える手段の比較

すると、「理解度が一番高く、理解にかかる時間も一番短い、つまり理解効率が最も高い"絵"が、理解させる手段として一番優れているのでは」となります。

　しかし、ここでもうひとつの視点「③制作にかかる時間」を取り入れてみるとどうでしょうか。「①理解度」と「②理解にかかる時間」は、情報の受け手側での観点でした。一方で、「③制作にかかる時間」は作り手側の観点です。

　制作にあまり時間をかけずに伝えられる方が効率は良いでしょうから、時間がかからない順から考えてみましょう。
　一番時間がかからないのは音声でしょう。一般的には手を使って

絵や図解を描いたり文章を書いたりするよりも、声に出して話す方が早いとされます。次は文章でしょうか。描くよりは書く、もしくはパソコンやスマートフォンを使って文章をタイピングする方が早いでしょう。

　絵と図解はどちらが時間がかかるでしょうか。図解は四角や丸、矢印などの図形で表現できるのに対して、絵は詳細まで描く必要があるので、かなりの時間差が生まれそうです。

　「③制作にかかる時間」という作り手側の観点で比べると、効率の順序は逆転します。音声が一番手間がかからず、文章、図解、そして絵の順に手間と作業時間が増えていくのです。

　この「③制作にかかる時間」の情報を、先ほどの図解に、背景の円の大きさで示してみましょう。音声が一番小さい円で、続いて文章、図解、絵の順に大きくなります。とくに絵は時間がかなりかかるため、かなり大きく表現してみました。

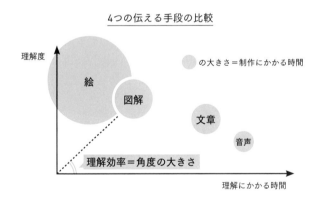

4つの伝える手段の比較

また、先ほどの理解効率の数式（①÷②）に、「③制作にかかる時間」を加えてみるとどうでしょうか。制作時間はコストですから、数式の分母に加えて①÷（②×③）として、これを「理解のための表現効率」と題すると、絵、図解、文章、音声のうちでこの数式の数値が一番大きくなるのは図解になりそうです。

　つまり、図解とは、「理解のための表現効率」に優れた表現手法、「制作にかかる時間のわりに、理解効率が良い表現手法」なのです。

図解とは

**制作にかかる時間のわりに、
理解効率が良い表現手法**

$$\frac{\text{理解度}}{\text{理解時間×制作時間}} \text{がGood!}$$

　図解は「理解させる」ためのコストパフォーマンスが良い表現なので、絵や文章、音声の中から選ばれて使われるのです。

　ただし、「理解させたいときはいつでも、図解を使うのが一番いいのか」というと、もちろん例外は存在します。
　例えばメールではなく電話を使うときのように、相手に細かいニュアンスや温度感まで含めて伝えたいときは音声や動画の方が効果的な場合もあるでしょう。
　また、細かい背景を含めつつ論理を伝えたいときには文章の方が効果的なこともあるかもしれません。

さらに言うと、「優位感覚」という考え方も、どれだけ相手に理解してもらえるかに影響します。

　優位感覚とは、視覚や聴覚、触覚などの感覚のうち、その人の中で相対的に情報を得て反応しやすい感覚のことです。

　例えば何かを学ぶとき、絵やイメージで覚える方が覚えやすい視覚が優位の人もいれば、音で聞いた方が覚えやすい聴覚が優位の人もいます。聴覚優位の人にとっては、図解よりも音声の方が理解しやすい表現手段である場合もあります。

　このように、「理解させる」という目的をひとつとってもさまざまな状況や場面があります。

　図解が「理解効率が良い表現手法」であることはこれまで説明してきたとおりですが、「理解させたいからとりあえず図解を使おう」ではなく、誰に、どんな性質の情報を、どんな状況で、どの程度理解させたいかを考えた上で、最も適した表現手法を選ぶ意識を持てると、それだけで"伝える力"はぐんと上がります。

図と図解の違い② 要素：何を使って作るのか？（What）

　次に、図と図解を「何を使って作るのか？」という要素で比べてみましょう。図と図解の要素はどちらも違いはなく、ともに「字」「図形（Figure）」「画」の３種類の要素を使って作られます。

[図と図解の要素]

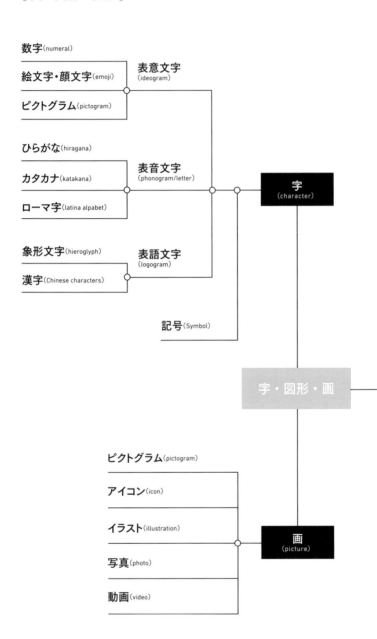

数字(numeral)

絵文字・顔文字(emoji)　表意文字(ideogram)

ピクトグラム(pictogram)

ひらがな(hiragana)

カタカナ(katakana)　表音文字(phonogram/letter)

ローマ字(latina alpabet)

象形文字(hieroglyph)　表語文字(logogram)

漢字(Chinese characters)

記号(Symbol)

字(character)

字・図形・画

ピクトグラム(pictogram)

アイコン(icon)

イラスト(illustration)

写真(photo)

動画(video)

画(picture)

点（point）

線（line）

実践（solid line）

点線（dotted line）

矢印（arrow）

三角形
（triangle）

正三角形
（equilatetal triangle）

正方形（square）

四角形
（quadrilateral）

長方形・短形
（rectangle）

平行四辺形
（parallelogram）

五角形
（pentagon）

ひし形（rhombus）

台形
（US:trapezoid　UK:trapezium）

六角形
（hexagon）

一組も平行な辺が
ない四角形
（US:trapezium
UK:irregular quadrilateral）

図形
（figure）

面（face）

多角形（polygon）

楕円（ellipse）

円、円周（circle）

扇形（cicular sector）

円環（annulus）

立体（solid）

1 図解のWhy&What① 「図」と「図解」を区別する

「字」「図形（Figure）」「画」の３つについてをそれぞれ簡単に解説します。

▶ ３つの要素① 字

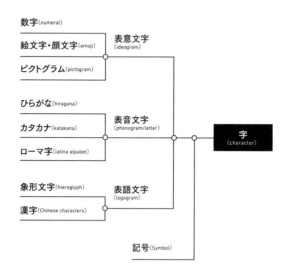

字とはいわゆる文章で表現するときに使われるもので、大きく文字と記号（文字記号）に分けられます。

文字には私たち日本人が使うひらがなやカタカナのような表音文字（phonogram）や、漢字などの表語文字（logogram）、そして数字などの表意文字（ideogram）がありますが、詳細は本書では割愛します。

記号（文字記号）とは例えば「、（読点）」や「。（句点）」、「！（エクスクラメーションマーク）」、「@（アットマーク）」などのことです。「（　）（カギカッコ）」も代表的な記号です。文章中で使われ、文章の意味の区切りを表したり、文章を補足するものです。

ちなみに、厳密には表意文字の中にピクトグラム（pictogram）があったり、記号の中にも地図記号などのシンボルマークに近いものがありますが、本書ではこれらは後述する「画（が）」に含めています。

図解の中で、どのように文字と記号が使われるのか、詳しく説明します。
まず、文字の中でよく使われるのは、ひらがな、カタカナ、漢字、そして数字でしょう。図解を描く紙やスライドに直接書くこともあれば、矢印と一緒に書かれることで関係性を表現したり、四角形や円で囲むことで要素そのものを表現したりします。

桃太郎とイヌの関係性を表現する

桃太郎　　　　　おとも　　　　　→　　　　イヌ

| 文字をそのまま並べて単語や文章を表現する | 矢印に文字を添えることで関係性を表現する | 四角形や円で囲むことで要素自体を表現する |

記号の中でよく使われるものといえば、まずは句読点が挙げられるでしょう。文字と句読点を組み合わせることで文章を作ります。同様に「！」や「？」もよく使われます。

また、括弧類（）「　」『　』［　］【　】も頻繁に使われる記号です。文字を中心として要素の装飾や強調、区分けに使います。

他にも使いやすい記号としては「｜（バーティカルバー）」、「…（三点リーダー）」、「.（ドット）」、「'（シングルクォーテーション）」、「"（ダブルクォーテーション）」、「-（ハイフン）」、「_（アンダーバー）」、「※（こめじるし）」、「・（なかてん）」などがあるでしょう。下のようになにげない文章の中にも意外と記号は多く使われています。

文の中の記号の例

「私の名前は、桃太郎です。あなたは？」

【手順1】守…師の教えを"守り"、身につける
【手順2】破…他の師の教えも学び、発展させる
【手順3】離…独自に新しい技を生み出し、確立させる
※手順1〜3の推奨期間はそれぞれ2年以上

ただし、記号は要素の装飾や強調、区分けなど、あくまで内容を補足するために使うものですので、過度に使わないことがポイントです。

▶ 3つの要素② 図形

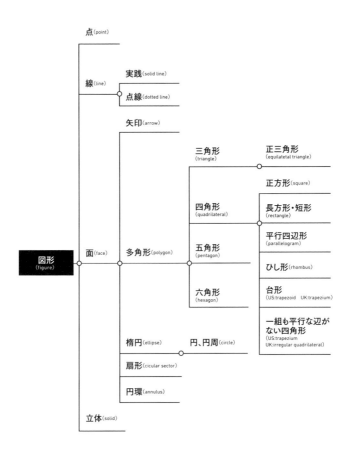

　図形は図の定義で示したとおり、「点・線・面が集まって一つの形を構成しているもの」のことです。

　図形は次元の数によって、0次元の点（point）、1次元の線（line）、2次元の面（face）、3次元の立体（solid）の4つに分かれますが、実際に図解で使用する図形は0次元の点、1次元の線、2次元の面の一部でほとんどカバーできます。

1

図解のWhy&What①

「図」と「図解」を区別する

〈点〉

　点とは厳密には大きさがなく位置情報だけを持つ図形のことですが、本書では点を「人が点だと認識するぐらいの小さな円」として話を進めます。

　点を実際に図解で使う場面は、ある程度限られています。代表的な使い方としては、線と一緒に使って、図や文章の補足説明をするときなどがあるでしょう。

　図や文章から線を伸ばして離れた位置に補足説明を書きたいとき、点を線の端に置くことで線の始まりを目立たせることができます。

補足説明する

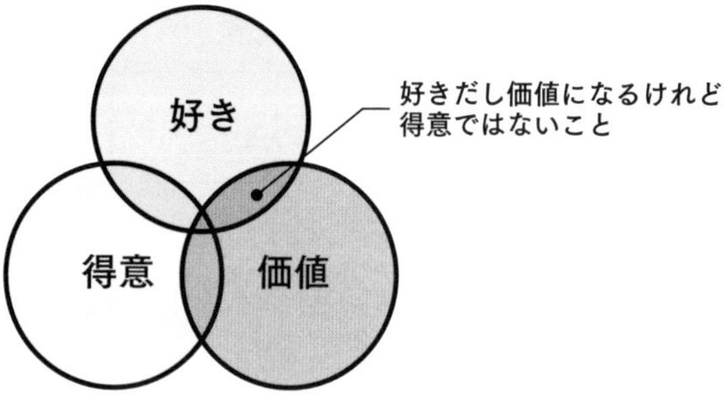

好きだし価値になるけれど
得意ではないこと

好き

得意　価値

〈線〉

　線を使う目的は主に「分ける」「つなげる」「強調する」の３つです。

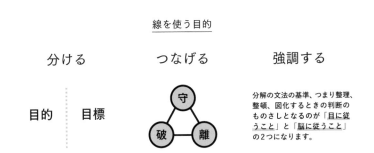

線を使う目的

| 分ける | つなげる | 強調する |

字や図形同士を線で区切る（分ける）ことで別の要素であることを表したり、逆に字や図形同士を線で結ぶ（つなげる）ことで何かしらの関係を表現したり、文章内の一部の文字の下に線を引く（強調する）ことで伝えたい内容を目立たせたりできます。

　「分ける」、つまり線で区切ることで別の関係であることを表現する例としては、「AとBの違い」などの図解があります。AとBが違うものであること、別の関係であることを視覚的に示す仕切りとして機能しています。

「悩む」と「考える」の違いを示す

| 悩む | 考える |

ある問題に対して、解決に向かわず　同じ地点をぐるぐると回ること

ある問題に対して、解決に向かって　建設的に進んでいくこと

ちなみに、分けるための「視覚的な仕切り」は線以外でも表現することができます。線を使わずに要素同士の間を空ける、余白をとることで遠い関係であることを表現したり、線ではなく背景色のコントラストで違いを表現する方法、面に影をつけることで奥行きをつけ、その高さの差で関係を表現する方法などがあります。

　また、表などの格子状に面を配置する場合は、特殊な仕切りのつけ方として、面同士に色があると、面と面の間の余白が線に見えることもあります。

「つなげる」。つまり線で結んで関係を表現する例としては、家系図が代表的でしょう。家系図では、文字（名前など）を縦と横の2本の線でつなげることで配偶者と親子の関係を表現しています。

家系図

線の種類は大きく実線（solid line）と点線（dotted line）の2つに分けられますが、基本的には実線が使われます。

ちなみに実線と点線以外の線としては破線（broken line、dashed line）や波線（wavy line、wiggly line）などがあるのですが、日常的な図解では実線と点線の2種類があれば十分でしょう。

————— 実線
·············· 点線
- - - - - - - 破線
〜〜〜〜〜 波線

実線ではなく点線を使う場合は、実線のサブとして使われるか、実線では表現しづらい「見えない・存在していないもの」を表現するために使われることが多いです。

点線を使う場合① 実線のサブとして使われる

　例えば日常生活では、折り紙では実線を山折り、点線を谷折りと表現していたり、車道では車両通行帯やセンターラインに白色の実線と点線でそれぞれルールが決められていたりしますよね。

折り紙の例

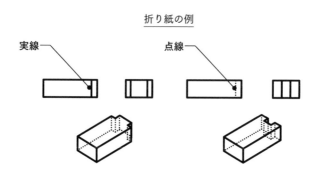

　車道のセンターラインとして使い分けは「センターラインの右側へ、はみ出して通行してもよいか否か」というルールがあり、実線の方が点線よりも強いルールになります。

白色の点線の場合

6m未満

白色の実線の場合

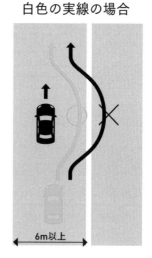

6m以上

このように、日常生活では実線がメインの線、点線はサブの線という意味合いで使われていることが多いので、図解の表現としても実線と点線の両方を使う場合は意識して使い分けましょう。視覚的にも実線の方が点線よりも区切りとして見やすいので、直感的に使い分けることは難しくないはずです。

グラフの例

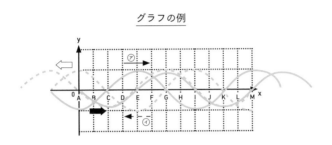

点線を使う場合② 見えない・存在しないものを表現する

　点線は見えない部分を表現するためにも使われます。立方体を描くとき、全ての線を実線で描く方法もありますが、見える線は実線で、見えない線は点線で描く方法がありますよね。この場合、実線は見える線という意味、点線は見えない線という意味を持った表現として描かれています。

立方体の例

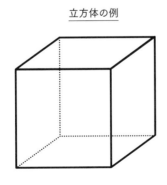

また、実線と点線が平面で重なる場合は、実線が上にある線、点線が下にある線として表現されたりもします。私たちが普段意識することなく使い分けているユニークなルールの1つです。

点線と実践のルール

「見えない」から派生して、「存在していない」ことを表すために点線が使われることもあります。「存在していない」ことを表すとはどういうことか。それは、これから起こる未来の予測や、過去にあったけれど今はないものを表します。

これから起こる未来の予測とは、例えば業績予想のグラフです。今年までの実績値は実線で、来年以降の予測値を点線で表現することで「存在していない」ことを視覚的に表現します。

業績予想

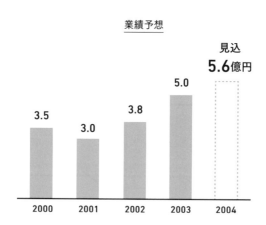

過去にあったが今はないものを表現するとは、例えば「みかんが5個あったが、2つなくなったので残り3個になった」を表現するときなどです。3つのみかんだけを実線で描く場合もありますが、「なくなった」ことを伝えるために、2つのみかんを点線で描いて表現する方法があります。

　このような「存在していない」の表現はマンガでも使われることがあります。また、「小声」を表現するときもマンガでは吹き出しが点線で描かれることがありますが、これも同じく「（声量的に）存在していない」という意味に近い表現だと言えるかもしれませんね。

マンガで使われる点線の例

〈面〉

　面には矢印や三角形や四角形などの多角形、円、扇形、円環など
さまざまな種類がありますが、図や図解でよく使われるのは「矢印、
三角形、正方形、長方形、円」の５つです。この５つを使い分けれ
ばほとんどの図や図解を表現することができるでしょう。

いろいろな種類の面

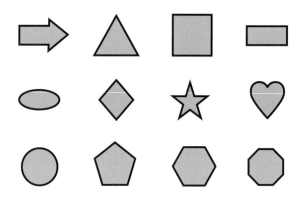

矢印

矢印は見た目が線に近いものも含まれますが、幅のある矢印などいろいろな表現方法があるため面に分類しています。

矢印には様々な表現方法があり、細かい装飾を含めるときりがありません。実際、パソコンやスマホで「やじるし」と入力して変換すると、その変換候補の多さに驚かされます。

	向き				
	上	下	左	右	他
一本矢印	↑	↓	←	→	↔ ↕
二本矢印	⇑	⇓	⇐	⇒	⇔ ⇕
点線矢印	⇡	⇣	⇠	⇢	↯
白抜き矢印	⇧	⇩	⇦	⇨	⇳ ⮐
手	☝	☟	☜	☞	☛ ☚
円弧矢印	⤻	⤺	⤹	⤸	⤶ ⤷
二頭矢印	↟	↡	↞	↠	↢ ↣

	斜めの向き				
	右上	右下	左上	左下	他
一本矢印	↗	↘	↖	↙	⤡ ⤢
二本矢印	⇗	⇘	⇖	⇙	
曲線矢印	⤴	⤵		⤶	↳
円矢印	↺	↻	⟳	⟲	↶ ↷
鉤付矢印	↱	↳	↰	↲	⬎ ↵
フック矢印	⤣	⤥	⤦	⤤	
壁付矢印	⬈	⇲	⇱	⬋	↸ ⬋

	斜めの向き				
	①	②	③	④	⑤
波矢印	↜	⤳ ↝	⬳	⇝	↭
フック矢印	↩	↪	↫	↬	
棒付矢印	↥	↧	↤	↦	↨
斜二重矢印	⤧	⤩	⤪	⤨	
大小矢印	⇆	⇄	⇆	⇄	

	向き			
	上	下	左	右
白抜き三角	△	▽	◁	▷
黒塗り三角	▲	▼	◀	▶
カッコ一本			<	>
カッコ二本			«	»
円囲み漢字	㊤	㊦	㊧	㊨
円囲み英字	Ⓣ	Ⓑ	Ⓛ	Ⓡ

矢印のパターンは大きく5つに分けられます。よく使われるのは、線の組み合わせで描かれた矢印と、幅を持たせた矢印（七角形ともいえる）です。また、三角形が矢印の意味を持つこともあります。同じように、プレゼン資料などでは五角形のホームベース型の矢印や、六角形の矢羽型の矢印を見かけることもあるでしょう。

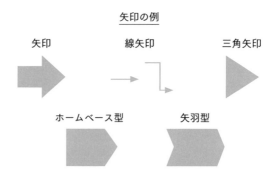

他にも「実線（→）か点線（…）か」「矢羽がついているのは片方（→）か両方か（↔）」「矢印は直線（→）か曲線（⤵）か」という切り口があります。これらの組み合わせで、さまざまな矢印が表現できます。

では、矢印はどんな意味を持ち、何を表現するために使われるのでしょうか？ 実は、矢印は、表現する意味の種類も多様です。

最も日常的に使われる意味は『方向』です。代表的なのは一方通行の標識があります。「お手洗いはあっちにあるよ」と指を差すのも、『方向』を示すための矢印と言えるでしょう。

フロアマップで現在地を示す矢印や、パソコンのカーソルなどは「ここが現在地です」「ここが操作している場所です」という『指示』をしています。

他にも例えば「コンビニと家の距離は600mだ（コンビニ⇔家）」という内容を図で表すには、コンビニと家の間を先端と終端の両方に矢羽のある矢印で結んで表現します。この場合の矢印は2点の『距離』を示しています。

一方で「コンビニから家まで歩いた（コンビニ→家）」という内容を図で表すならば、コンビニから家に伸びる片方の矢羽のみの矢印で結ぶことで『移動』を表現することができます。

「A国がB国を侵略した（A国−侵略→B国）」のような主語と目的語

をつなぐ述語を矢印に含めた『主従』の表現もよくあるでしょう。

「5個のりんごが3個になった（りんご5個→りんご3個）」「りんごが腐った（りんご→腐ったりんご）」という量や質の『変化』、「しりとり（りんご→ごりら→らっぱ）」のような意味の『変化』、「起きて食べて寝る（起きる→食べる→寝る）」といった時間や手順の『変化』を表現することも可能です。

「AならばB。BならばC（A→B→C）」のように『論理』を表現したり、「キャンセル料金10,000円→24時間以内のキャンセルが対象です」のような『説明』にも矢印は使われます。

このように、矢印は方向、指示、距離、移動、主従、変化、論理、説明などさまざまな意味を含めることができる便利な図形です。しかし、便利であるがゆえに、図解の作り手は読み手に別の意味で捉えられないように注意することも必要です。矢印の意味がよほど明確でない限りは矢印に文字を添える形で意味を補足すると、誤解される可能性を低くすることができるでしょう。

矢印で表現できる意味はさまざま

方向	指示	距離	移動
お手洗い →		5cm ←→	池 → 家

主従	変化	論理	説明
侵略 A → B	∴∴ → ∴∴	$p \longrightarrow q$ $\bar{p} \longrightarrow \bar{q}$	50% off! →1,000円以上対象

三角形・正方形・長方形・円

　三角形は、先ほど説明したように、矢印の代わりとして使われたり、もしくは三角形と四角形を組み合わせて、吹き出しとして使われることが多いでしょう。第4章でもお伝えするように、ピラミッドのメタファーとして使われる以外には、図の要素として使うことはあまりありません。

　正方形や長方形、円は、図形単体ではなく、図形の中に文字を加えることで図の要素とするのがメインの使い方になります。
　正方形や長方形の角は直角か、少しだけ丸みを持たせるか、角をめいっぱい曲げてボタン型として使うかの3択がほとんどでしょう。
　また、これらの図形は画のピクトグラムやアイコンの下地として使われることもあります。

三角形・正方形・長方形・円の使い方

▶ **3つの要素③ 画**

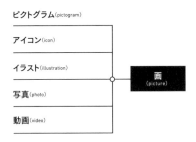

　画（が：picture）とは物の形や姿を描き表したもののことで、ピクトグラム（pictogram）、アイコン（icon）、イラスト（illustration）、写真（photo）、動画（video）などが画に含まれますが、図解ではピクトグラム、アイコン、イラストの3つがよく使われます。

　図解は極論、画を一切使わなくても作れるのですが、画という字や図形よりも具体的な視覚表現を併用することで、読み手は図解の内容について、イメージしやすくなります。ただし、使いすぎてしまうと図解が複雑になりすぎてしまい、逆にわかりづらくなることもあるので注意が必要です。

複雑な図解の例

出典：環境省ホームページ　https://www.env.go.jp/nature/morisatokawaumi/kyouseiken.html

　ピクトグラムとアイコンとイラストは見た目が似ていて混同されやすいものです。明確に違いを区別できるものでもありませんが、ここでは簡単にそれぞれの違いを紹介します。

　ピクトグラムは、表意文字の一種で、数字や絵文字の仲間です。表意文字とは一つひとつの字が一定の意味を持っている文字のことで、例えば絵文字の「🐜」は文字自体に「(昆虫の) アリ」という意味を持っています。一方で、ひらがななどの表音文字は「あ」という文字で何かの意味を表すことはできません。あくまで発音の「あ」だけを表し、「あ」「り」と2文字を続けることで「あり」になります。「あり」も昆虫の"アリ"なのか、有り無しの"有り"なのか、はたまた別の意味なのかは「あり」を読んだだけではわかりません。逆に絵文字の「🐜」は意味として「(昆虫の) アリ」を持っていますが、発音は「あり」かもしれませんし、英語圏の人が「🐜」を見たら「Ant」と発音するでしょう。これは絵文字が表意文字であり、表音文字ではないからです。

　ピクトグラムの代表的な例としては、お手洗いのマークや非常口のマークなどがあります。ピクトグラムは国籍や言語が違っても、一目見ただけでそれが何を表しているのかがわかることを目的として作られているのが特徴です。

ピクトグラムの例

　ピクトグラムは1920年にオーストリアで生まれたとされていて、日本では1964年のオリンピックをきっかけに広まったとされています。オリンピックでは世界各国から選手が集まるため、国や言語が違っても共通してわかるピクトグラムが必要だったのです。東京2020オリンピックでも「東京2020オリンピックスポーツピクトグラム」と題して、33競技50種目のピクトグラムが発表されました。

〈 アイコン 〉

　アイコンはある物事の概念をシンボル化して絵や記号で表したもののことで、ギリシア語の"画像"や"記号"を意味する言葉「イコン」に由来しています。アイコンの代表的な例としては、コンピューター上のフォルダアイコンやスマートフォン上のカメラアプリアイコン、ダウンロード機能やプリント機能のアイコンなどがあります。

アイコンの例

　ピクトグラムが、作られた国や使う言語が違っても意味がわかるように作られているのに対して、アイコンは必ずしも万人に共通してその意味がわかるものとは限りません。あくまで対象をシンボル化して表したものにすぎません。例えばスマートフォン上のアプリアイコンがその例です。LINEやGmailなど有名なアプリは万人に通じるかもしれませんが、ユーザーが限られているマイナーゲームのアプリアイコンは、わかる人が少数に限られます。

〈 イラスト 〉

イラストはイラストレーションの略語で、日本語では「挿絵」と訳されます。絵本や小説の挿絵、商品パッケージなど、情報元となる文章や物体を視覚的に表現し、情報伝達の補助をするものです。

日本では絵もイラストも同じものとして扱われがちですが、イラストはあくまで視覚的な表現の補助であり、絵はそのものが表現の主体であるというところに違いがあります。例えばピカソの「ゲルニカ」は、そのものが表現の主体なのでイラストではなく絵となります。一方で、小説の挿絵は、物語のニュアンスや状態を表現するために描かれたものなので、イラストと言えるでしょう。また、イラストは一般的にピクトグラムやアイコンに比べてより具体的な表現になります。

イラストの例

先に伝えたとおり、ピクトグラムとアイコンとイラストは混同して使われていることもあり、違いに明確な線引きはできません。図解の要素の中にはピクトグラムやアイコン、イラストなどがあるということを理解して、実際に図解するときに使えるようになれば十分だと思います。

図と図解の違い③ 方法：どうやって作るのか？（How）

　最後に、図と図解を「どうやって作るのか？」という方法で比べてみましょう。

　図は「子供が思いつくままに描いた図形の集まり」も含まれるため、その方法に何らかのルールや制限はありません。

　一方で、図解には図解として機能させるための、つまりある情報を解き示して伝えるためのお作法があります。本書ではそれを「分解の文法」と表してお伝えします。

　なぜ「分解の文法」なのか。

　それは、図解の英訳「diagram」の語源に由来します。diagramの語源は「dia」と「gram」の2語に分けられます。

「diagram」を語源から訳してみる

　diaには「〜を通り抜けて、〜を横切って」や「離れて〜、分かれて〜」という意味があり、例えばdiameterはdia「横切って」＋meter「測る」の組み合わせで円の"直径"を意味したり、dialysisは"透析、分離、分解"を意味したりします。

　gramには「ひっかく」や「書く」という意味があり、graphも同様の語源です。例えばtelegraphはtele「遠く」＋graph「書く」の組み合わせで"電報"を意味したり、grammerは"文法、言葉遣い"を意味したりします。

つまり、diagramはdia「横切って、分かれて」＋ gram「書く」の組み合わせで"図解"を意味する英単語。語源にならって訳すと"分けて書くこと"になります。図解には、図にはない分けて書くという意図があり、分けて書くためのお作法が分解（dia）の文法（gram）なのです。

　具体的な図解の作り方（分解の文法）は第3章以降でお伝えします。

図解の定義

　ここまで図と図解の違いについて、目的（なぜ作るのか）、要素（何を使って作るのか）、方法（どうやって作るのか）という3つの切り口で詳しく読み解いてきました。これらの話を踏まえて、本書では図解を次のように定義したいと思います。

　図解とは、「誰かに速く・深く・正しく理解してもらうために、字・図形・画を用いて、分解の文法に沿って作られた図」である

　「誰かに速く・深く・正しく理解してもらうために」が図解の目的（Why）に、「字・図形・画を用いて」が図解の要素（What）に、「分解の文法に沿って作られた」が図解の方法（How）に対応します。

　さて、ここで冒頭のクイズを振り返ってみましょう。クイズの内容は「①～⑥の画像を図と図解のどちらかに分けるとしたら、どれが図でどれが図解になるでしょうか？」というものでした。

　実はこのクイズ、ちょっとズルい聞き方をしていました。

　何がズルいのか。そう、図解は図の一部なので、「図ではあるが図解ではない」ものと、「図でもあり図解でもある」ものに分けてください、というのが正しい聞き方でした。

②出典：厚生労働省「医療・介護制度改革について」P1

それでは、「図ではあるが図解ではない」ものにはどんなパターンがあるのでしょうか。

大きく次の3パターンに分けられます。

- パターン1…「理解してもらう」ために作られていない
- パターン2…「分解の文法」に沿って作られていない
- パターン3…図形や画が「理解してもらう」ことを促進しない

▶ **パターン1…「理解してもらう」ために作られていない**

クイズの選択肢①カーテンの模様と、選択肢⑤絨毯の柄がパターン1に当てはまります。

これらは直感的に「図だけれど図解ではない」ことがイメージしやすいでしょう。

図形が使われているものの、「理解してもらう」という目的のためではなく、装飾・絵柄として使われています。作り手がそもそも図解を作ろうとしていません。

「物の形や状態を描いたもの」という図の定義には当てはまりますが、この柄を見ることで何かが速く・深く・正しく理解できるというものではないので、図解ではないと言えます。

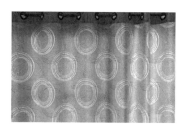

図形が散りばめられたカーテン

幾何学的な模様の絨毯

▶ パターン２…「分解の文法」に沿って作られていない

クイズの選択肢②資料スライドの図版がパターン２に当てはまります。

理解してもらうために作られてはいるのですが、分解の文法に沿っていないため、図解の基準を満たさない、わかりにくい図になってしまっている状態です。

クイズのすぐ後に出した質問「どちらの方がより早く、より正確に内容を理解できそうでしょうか？　また、それはなぜでしょうか？」の答えがこれにあたります。

どちらが早く正確に内容を理解できそう？ それはなぜ？

② 資料スライドの図版　　　　　③ デパートのフロアマップ

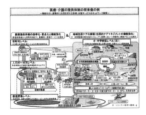 

②出典：厚生労働省「医療・介護制度改革について」P1

このスライドの図解は、残念ながら、図解を作ろうとはしているけれど作れていない状態とも言えるでしょう。

分解の文法には手順と基準があり、手順に沿っていないため、わかりにくい図もあれば、基準に沿っていないためわかりにくい図もあります。

詳しくは、第３章で説明します。

▶ パターン３…図形や画が「理解してもらう」ことを促進しない

クイズの選択肢④Webページのデザインがパターン３に当てはまります。

これは、直感的には「わかりやすいし、字も図形も画も使われているし、図解では？」と感じるかもしれません。実際に、図解と分類するWebサイトや書籍も多いでしょう。

ですが、本書ではこれをあえて図解ではなく図として扱うことで、図解の作り方に再現性を持たせ、図解の価値を明確にしていきます。

では、なぜ図解ではないのか。

それは、図形や画が、文章と組み合わせて並べられただけであり、「目を惹く」「親しみやすくする」「装飾する」が主目的として使われているからです。言い換えれば、「図形や画が描かれていなくても、文章（箇条書き）だけで十分に理解できる情報」だからです。

クイズの図を具体例として見てみましょう。

この図には白塗りの四角形や各Pointにアイコンが使われていますが、それらを取り除き、箇条書きの文章だけにしても十分に内容が理解できます。

▶ **商品の特徴**
- Point 01 ご利用限度額800万円
- Point 02 webでのお申し込みは24時間OK
- Point 03 安心のゆとり返済月々3,000円から

文章だけで伝わる情報をわざわざ図形や画を使って伝えているとすると、図形や画の主な目的は「目を惹く」「親しみやすくする」「装飾する」ことにあり、それは結局、柄やあしらいとして機能していることになります。

そのため、「わかりやすい図ではあるけれど図解ではないもの」として扱われます。

図解の定義の価値

　ここまでしっかりと図解の定義を学んできました。

　そもそも、このような図と図解の定義を知っていると、どんな良いことがあるのでしょうか。

　それは、大きく分けて2つあります。

　ひとつは、**図解を作るのに"美的センス"は必要なく、手順を追えば誰でも作れることが示されている**、という価値です。

　「④Webページのデザイン」には一部細かい装飾やあしらいが描かれています。

　これを見ると、「美術系の大学や専門学校を卒業していないといけない」「絵が下手な自分には作るセンスがない」と感じる人がいるかもしれません。

　しかし、本書では図解ではなく図として扱います。つまり、「装飾やあしらいが作れるかどうかは、図解を作れるかどうかには影響しない」というスタンスをとっています。

　図解で一番大切な「わかりやすいかどうか」には、装飾やあしらいがあるかどうかは関係ありません。

　良い図解とは何かを知り、良い図解を作るためのお作法に沿って作っていけば、誰でもわかりやすい図解を作ることができます。

　本書における図解とは、再現性のある表現手段なのです。

　もうひとつは、**世の中にある"デザイン"や"図"に対する見方が変わる**、という価値です。

　本書の図解の定義では、Why、What、Howの全てが含まれています。

そのため、「②営業資料スライドの図版」は図解ではなく図として扱います。理解してもらうという目的（Why）は満たしていても、「分解の文法」に沿って作られていない、つまりHowが満たされていないからです。

　このように図解をWhy、What、Howという視点から多面的に理解すると、世の中に溢れているデザインや図を、「おしゃれだなあ」のような低い解像度ではなく、「このデザインはここにこの図形を使っている。きっとこんな目的があるのだろう」とか、「この図はこの部分にこのテクニックを使っているからわかりやすくなっているのだな」のように高い解像度で観察することができるようになります。

　さて、改めて図解の定義を図と比較することでまとめてみましょう。

図解とは図の一部であり、「理解させる」という目的のもとに
「分解の文法」に沿って描かれた図のことである

	図 Figures	図解 Diagram
目的 Why	ある場合もない場合もある	「理解させる（＝解き示す）」という目的がある
要素 What	字・図形（Figure）・画	字・図形（Figure）・画
方法 How	特になし	「分解（dia）の文法（gram）」に沿って作る

　第2章からは図と図解の2つの違い、「理解させる」という目的があること、「分解の文法」に沿って作ることをそれぞれ詳しく学ぶことで、図解の本質と作り方に迫っていきましょう。

第 2 章

図解の
Why & What
②

「伝わる図解」を定義する
良い図解とは何か？　図解の文法

伝わる図解、つまり、「良い図解」とは何でしょうか？
この章では、「わかる」「伝わる」ということを深め、
図解の本質に迫ります。
「良い図解」「悪い図解」の判断基準を身につけます。

良い図解を作るには良い分解が必要

良い図解とは

何をもって"良い"のかは、1人ひとりの価値基準それぞれ

∨

この本では
「目的を達成できている図解＝良い図解」とする

図解の目的 ＝ 相手に 　**理解して**　 もらうこと
Why

　　　　 ＝ 相手に 　**わかって**　 もらうこと

　　　　 ＝ 相手に 　**分けて**　 もらうこと

　　　　 ＝ 相手に 　**差をつけて**　 もらうこと

差をつけやすくするためには、**良い分解** が必要

良い分解とは

人間の目や脳が理解しやすい（＝差をつけやすい）**分けかた**

➡ 分けかたには一定の決まり、ルール、文法がある

＊文法の詳細は第3章へ

図解のキモは、分解の文法にある

図と図解の違いは大きく2つあります。

図と図解の違い

	図 Figures	図解 Diagram
目的 Why	ある場合もない場合もある	「理解させる（＝解き示す）」という目的がある
要素 What	字・図形（Figure）・画	字・図形（Figure）・画
方法 How	特になし	「分解（dia）の文法（gram）」に沿って作る

　図解にはそれを見る相手に対して、内容を「理解させる」という明確な目的があります。逆に言えば、目的のないまま描いた図は図解とは呼べません。

　「この図を通して自分は何を伝えたいのか？」「この図で相手にどんなことをわかってもらいたいのか？」を意識して作成する必要があります。

　図解はその「理解させる」という目的を達成するために、「分解（dia）の文法（gram）」に沿って作ります。分解の文法の詳細については後ほど説明します。ここでは「図解は分解の文法に沿って作る必要がある」「分解の文法に沿っていないと、図解ではなく図になる」ということをおさえてください。

　第2章では図と図解の違いのうち「図解には理解させる目的がある」について詳しく見ていきましょう。

理解とは？

　さて、突然ですがここで質問です。「理解させる目的がある」とありますが、「理解」とは何でしょうか？

　「広辞苑」で「理解」を検索すると、このように書いてあります。

> ▶ り－かい【理解】
> ①物事の道理をさとり知ること。意味をのみこむこと。物事がわかること。了解。「文意を─する」
> ②人の気持や立場がよくわかること。「─のある先生」「関係者の─を求める」

　また、「デジタル大辞泉」には、このように書いてあります。

> ▶ り－かい【理解】
> ①物事の道理や筋道が正しくわかること。意味・内容をのみこむこと。「理解が早い」
> ②他人の気持ちや立場を察すること。「彼の苦境を理解する」
> ③「了解」に同じ。

　辞書の定義が全て正解であるというわけではありませんが、どうやら理解という言葉には、物事の道理や意味、内容がわかるという意味と、人の気持ちや感情、立場がわかるという、大きく2つの意味がありそうです。

　端的に表現するならば、「理解とは、わかるということ」とも言えそうです。

　先ほど、図解には「理解させる目的がある」と伝えましたが、図解で人の気持ちや立場を表現することは稀でしょう。

良い図解とは？

　ということは、図解には「物事の道理や意味、内容をわかってもらう目的がある」と言えます。

　次は、少し別の視点から考えてみましょう。
「良い図解」とは何でしょうか？

　一般的に、何をもって良いというかは、一人ひとりの価値基準によって異なります。
　例えば家。一概に「良い家に住みたい」といっても、「広さが正義だ。広ければ広いほど良い家だ」「住みやすさを総合的に判断して、その割に金額の安い家が良い家だ」「耐震構造にすぐれた家こそが良い家だ」など、基準はバラバラでしょう。

「良い」の基準は人それぞれ

広さが正義　　住みやすさ

耐震がしっかり　　良い家に住みたい　　立地が一番

図解も同じです。

　「良い図解を描けるようになりたい」といっても、「相手が感動するような図解が良い図解だ」という人もいれば、「見た目や色使いが美しく、整っている図解が良い図解だ」という人もいるでしょう。

　とはいえ、「あなたが描きたいものこそが良い図解なのです！」と言い切ってしまっては元も子もありませんので、この本では良いかどうかの判断基準を「目的を達成できているかどうか」に絞って進めていきます。良い図解 ＝「目的を達成できる図解」とします。

　図解の目的は「物事の道理や意味、内容をわかってもらう」ことですから、**良い図解とは「物事の道理や意味、内容をわかってもらいやすい図解」、つまり「良い図解 ＝ わかりやすい図解」**とします。

　もうひとつ思考を進めましょう。

　図解の目的は理解してもらうこと。理解してもらうとはわかってもらうこと。良い図解とはわかりやすい図解のこと。

　では、その「わかりやすさ」とは何でしょうか？　「わかる」とは何でしょうか？

　良い図解を作るには、「分かりやすさ」について理解する必要があります。

わかりやすさとは、分けやすさである

「わかる」を「デジタル大辞泉」で検索してみました。

▶ **わか・る【分（か）る／▽解る／▽判る】**
①意味や区別などがはっきりする。理解する。了解する。「物の
　よしあしが—・る」「言わんとすることはよく—・る」「訳が—・
　らない」
②事実などがはっきりする。判明する。「身元が—・る」「答え
　が—・る」「持ち主の—・らない荷物」
③物わかりがよく、人情・世情に通じる。「話の—・る人」
④一つのものが別々になる。わかれる。

　③は「物わかり」という比喩的な表現、④はわかるというよりは
分かれるの意味なので、①と②に注目します。
　すると、わかるとは、「意味や区別、事実などがはっきりする」
ということを指すようです。
　"はっきり"とは、「他のものと混ざることがなく、明らかなさま。
あいまいでなく、確かなさま」を指す言葉なので、「他のものと分
けられる」という意味があります。

　まとめると「**わかることは、分けること**」と言えるでしょう。
　わかることは、分けること。わかりやすさは、分けやすさ。「わかっ
た」とは、「他のものと分けられた」ということなのです。

「わかることは、分けること」を感覚的に理解するために、ここで昔の経験を思い出してみましょう。

幼稚園や小学生のときに、急に後ろから目を覆われて「だーれだ？」と言われた経験はあるでしょうか？

この「目を覆ってきた友達が誰かを当てるゲーム」で脳はまさに「誰かわかるために分けている」作業をしているのです。どういうことか詳しく説明していきます。

まず、目を覆われて「だーれだ？」と言われたとき、あなたは言った人が誰なのかという「脳内の候補リスト」を作ります。
ここでは8人の友達候補リストができたとしましょう。

脳内の候補リスト①

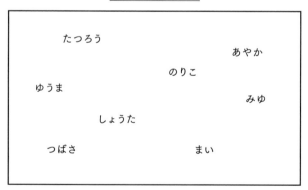

Easy-To-Understand Diagram-ization

すると次にあなたは、言った人が誰かをわかるために、さまざまな基準に沿って脳内の候補リストの友達を分けていきます。分ける基準は例えば友達の声や手の感触、時間、場所、関係性などです。

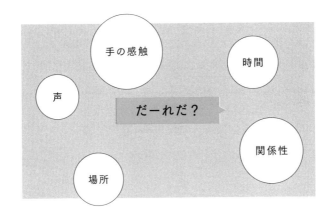

　例えば、最初は「だーれだ？」という声の音域や自分の目に触れた手の感触、大きさから、「どうやら女の子っぽいぞ」と判断したとします。つまり、「声・手の感触」という判断基準に沿って、脳内の候補リストに残るか残らないかが分けられるのです。ここでは候補リストに残る友達に「あやか、のりこ、みゆ、まい」が、残らない友達に「たつろう、ゆうま、しょうた、つばさ」がそれぞれ分けられました。

脳内の候補リスト②

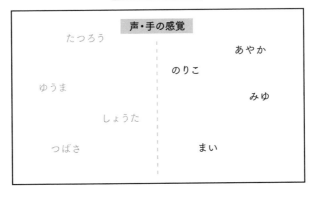

次は「だーれだ？」と言われた時間に着目します。今は、授業が終わって休み時間になってすぐの時間。別のクラスの友達であるまいちゃんが、こちらのクラスにやってきて目を覆うことは時間的に難しいと、あなたは判断しました。すると、今度は「時間」という判断基準に沿って、「まい」が脳内の候補リストからいなくなります。

脳内の候補リスト③

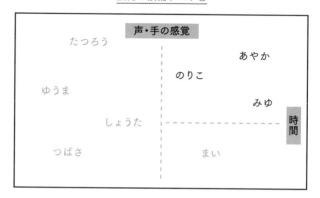

　同じように「のりこちゃんは私の目の前に座っているはずだから違う」「みゆちゃんは友達だけれど、こういうことをする人ではないから違う」と、さまざまな判断基準によって脳内の候補リストを絞っていき、候補の数が1人（ここではあやかちゃん）になったときに「あやかちゃんだとわかった」となるのです。

脳内の候補リスト④

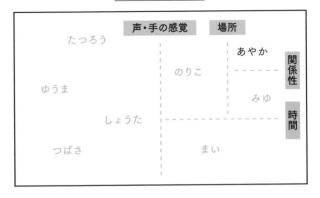

　候補は絞れたけれど、一人に絞れない場合、分けられたところまでがわかり、分けられないところがわからない、となります。候補に「あやか、みゆ」が残っているけれど、それ以上分けられる判断基準がない場合は、「あやかちゃんかみゆちゃんかわからない」となります。逆に言うと、「あやかちゃんかみゆちゃんかまではわかった（＝分けられた）」ということでもあります。

　「わかることは、分けること」という意味の感覚はつかめましたか？

分けやすさとは、差のつけやすさである

　さらにもうひとつ思考を進めます。

　「分けやすさ」とは何でしょうか？

　ここで注意しておきたいのは、**分けやすさには、ある対象をまったく同じように分けるときの分けやすさと、別のものとして分けるときの分けやすさの大きく2種類ある**ということです。

　前者は例えばホールのケーキを買ってきたときに、ケーキを4等分になら分けやすく、5等分には分けにくい、といった意味での分けやすさのことです。

　これは等しく分けるときの分けやすさ、つまり、等分のしやすさのことであり、なるべく同じになるように分けるという意図がありますが、これは図解における理解しやすさ、わかりやすさ、とは違う文脈で使われるものなので、ここでは置いておきます。

　図解における分けやすさの話は後者です。つまり、ある対象を別のものとして分ける、つまり、分別のしやすさのことであり、等分のしやすさとは区別されます。

　ここまで話を進めてきて、分けやすさとは何かの答えに、すでにお気づきの方もいるかもしれません。

　なるべくはっきり、他のものと混ざることがなく明らかに、あいまいでなく確かに、分別しやすくするにはどうすればいいか。

　そう、差をつけるのです。

　分けるとは、あるものと他のものとの間に差をつけるということ。つまり、分けやすさとは差のつけやすさなのです。

　どういうことか？　例を挙げましょう。

ダンボール箱に大量のりんごと大量のみかんが入っているとして、あなたは「りんごとみかんを分けて別々のダンボール箱に入れてほしい」と頼まれたとします。

　おそらくあなたは何の問題もなく、簡単に、次々にダンボール箱から取り出して「これはりんご」「これはみかん」と分けて別々のダンボール箱に入れることができるでしょう。

　なぜ簡単にそれができるのかといえば、りんごとみかんの違いが理解しやすいから、分けやすいから、差をつけやすいからです。

　りんごとみかんは見た目の色も違えば、大きさも違います。重さも違いますし、形も違います。差がはっきりとあるのです。

　では、りんごとみかんではなく、「ひよこのオスとメスを分けてほしい」と頼まれたらどうでしょうか?

　産まれたばかりのひよこは見た目の色も、大きさも、重さも、フォルムも、鑑定する専門家がいるほど、素人から見たらその差はわかりません。もちろん一匹一匹に細かな差、違いはあるのですが、それがオスかメスかによる差なのか、その個体の個性による差なのかはわからないでしょう。

　「分けやすさは、差のつけやすさ」という意味の感覚はつかめてきたでしょうか?

2　図解のWhy&What②　|　「伝わる図解」を定義する

093

分けやすいように
情報を分解する

　さて、ここまでの話を一度まとめてみましょう。

　図解の目的とは、相手に理解をしてもらうこと。理解するとは、わかること。わかることは、分けること。分けやすさは、差のつけやすさ。

　ということは、図解の目的を達成する、つまりわかってもらうためには、相手がその情報を分けやすいように、差をつけやすいように表現する必要があります。

　そして、差をつけやすい表現にするためにすることが、分解です。図解における分解は、人間（の目や脳）が理解しやすい（＝差をつけやすい）かどうかに沿うため、その分解方法に一定の決まり、つまりルール、いわば文法があります。

図解の目的

図解の目的 ＝ 相手に理解してもらうこと

相手にわかってもらうこと

相手に分けてもらうこと

相手に差をつけてもらうこと

差をつけやすくするには、**"分解"** が必要

ここで、改めて図と図解の違いと、図解の定義を見てみましょう。

図と図解の違い

	図 Figures	図解 Diagram
目的 Why	ある場合もない場合もある	「理解させる（＝解き示す）」という目的がある
要素 What	字・図形（Figure）・画	字・図形（Figure）・画
方法 How	特になし	「分解（dia）の文法（gram）」に沿って作る

図解の定義

図解とは…「誰かに速く・深く・正しく理解して
もらうために、字・図形・画を用いて、
分解（dia）の文法（gram）に沿って
作られた図」である

　図解の目的（Why）と要素（What）、手段（How）と、定義のつなが
りがより解明に見えるようになったでしょうか？

情報の分け方には
文法がある

　先ほど「図解における分解は、人間（の目や脳）が理解しやすい（＝差をつけやすい）かどうかに沿うため、その分解方法に一定の決まり、ルール、文法がある」と書きました。

　人間の目や脳はとても優秀で、さまざまな機能を備えています。図解を人間の目や脳の機能に合う形で表現すると相手は「わかりやすい」と感じ、逆に目や脳の機能と合わない形で表現すると相手は「わかりにくい」と感じます。目や脳が図解を理解するための処理に戸惑うからです。

　そのため、この「人間の目や脳の機能に合う形にする」ための表現方法、分解（dia）の文法（gram）と、分解の文法に沿った基本的な図解の作り方の流れを第3章から詳しく説明していきます。

　図解を作るためにすることは「整理する」「整頓する」「図化する」の3つだけ。

　この整理、整頓、図化の3つの作業を、「目に従う」「脳に従う」という2つの基準、分解の文法に沿って進めていくことが、図解の作り方の全貌となります。

「わかる」と「知る」の違い

　「わかる」と「知る」の言葉の違いを説明できるでしょうか?

　普段から意識せずとも使い分けているけれど、いざ説明しようとすると難しいのが「わかる」と「知る」です。

　これまで説明してきたように、「わかることは、分けること」です。「わかる」とは、ある情報を理解して別の情報と分けられるようになることを指します。不明瞭だった情報と情報の境界線が明確な状態に変化することです。頭の中にある情報を分けられると「わかる」になり、分けられている状態だと「わかっている」となります。

　一方、「知る」とは新たに知識を得ることです。知識・情報自体がなかった状態から知識・情報がある状態に変化することです。頭の中に新しく、今までなかった情報を入れることが「知る」であり、情報を入れて保持できている状態だと「知っている」となります。

　「わかる」と「知る」には、細かな使われ方の違いにも面白いものがあります。

	知る	わかる
0%	知らない	わからない
50%	知ってきている	わかってきている
100%	知っている	わかっている
0%	知らなくなる	わからなくなる

例えば、「わかる」は段階的な変化を表すこともできます。頭の中にある情報をまったく分けられない状態（0%）から完全に分けられる状態（100%）には段階があるため、「徐々にわかってきている」というような途中の状態を表す使い方ができます。

　一方で、「知る」は段階的な変化を表すことはできず、一瞬の変化しか表せません。頭の中にある情報がないか（0%）、またはあるか（100%）の2つの状態しかとれないので、「徐々に知ってきている」というような途中の状態を表す使い方はできないのです。

　また、「わかる」は今まで分けられていたものが分けられなくなったという状態変化を表すこともできます。「前はわかっていたけれど、今はわからなくなった」というような情報の区別を失った状態を表すことができます。

　一方で、「知る」は今まで獲得・保持できていた知識を失った状態変化を表すことができません。「前は知っていたけれど、今は知らなくなった」とは表現できません。情報を失った場合は、「知らなくなった」ではなく「忘れた」を使います。

　このように、普段から意識せずとも使い分けている「わかる」ことと「知る」ことの間にも、明確な違いがあるのです。

第 3 章

図解のHow

図解化のための思考のプロセス

「図解の文法」と「図解作成の3Step」

図解を作る際に押さえておきたい「図解の文法」について
具体的にプロセスをたどりながら説明します。
手順を「図解作成の3Step」、
「わかりやすさ」をはかる2つの基準を紹介します。

図解作成のコツ「分解の文法」

「分解の文法」は3つの手順、2つの基準から構成される

Steps 3つの手順	整理 ⇄ 整頓 → 図化
	文章 ------- 箇条書き ------- 表 ------- 図解

Step.1
整理する ····· 文章 ➡ 箇条書き
図解の目的に不要な要素や関係を捨てる

Step.2
整頓する ····· 箇条書き ➡ 表
要素や関係をある切り口で解して揃える

Step.3
図化する ····· 表 ➡ 図解
要素や関係を、字、図形、画に変換する

Criteria 2つの基準	目に従う & 脳に従う
	刺激 ----------- 感覚 --------- 知覚／認知

Criteria.1
目に従う ····· フォントサイズ、コントラスト、色覚多様性
目が感覚として捉えられるように作る

Criteria.2
脳に従う ····· コントラスト、ゲシュタルト、錯視、
視線誘導、メンタルモデル
脳が知覚、認知しやすいように作る

わかりやすい図解の軸
「分解の文法」とは

　さて、第3章からは具体的な図解の作り方、「分解の文法」を解説していきます。

　文法と聞くと古典の文法や英語の文法のようにたくさんの細かいルールがあるイメージを持つかもしれませんが、「分解の文法」はとてもシンプル。手順が3つ、手順を進めるための基準が2つです。

　分解の文法の手順、つまり図解を作るために行うことは「整理する」「整頓する」「図化する」の3つになります。

　たとえどんなに複雑な図解でも、行うことは「整理する」「整頓する」「図化する」の3種類。これらを何回も繰り返し行うだけです。

　そして、**分解の文法の基準、つまり整理、整頓、図化するときの判断のものさしが「目に従う」ことと「脳に従う」ことの2つ**になります。

　目的に沿って整理や整頓、図化をすることを前提とした上で、人間の目や脳が図解の情報を捉えて理解しやすいように作っていきます。

図解の「分解の文法」

世界は要素と関係から
成り立っている

　具体的な手順の解説に進む前に、前提知識を共有します。それは、**対象はもちろん世界は要素（Element）と関係（Relationship）という2種類の情報の組み合わせで成り立っている**ということです。

　要素とは「あるものごとを成立させている内容」のこと、関係とは「二つ以上の要素のかかわり合い」のことを指します。
　「デジタル大辞泉」を引くと、以下のように書かれています。

▶ **よう－そ【要素】**
①あるものごとを成り立たせている基本的な内容や条件。「危険な―を含む」「犯罪を構成する―」
②物を分析したとき、その中に見出されるそれ以上簡単にならない成分。「色の三―」
③法律行為または意思表示の内容において、その表意者に重要な意味をもつ部分。
④数学で、集合をつくっている一つ一つのもの。元（げん）。

▶ **かん－けい【関係】**
①二つ以上の物事が互いにかかわり合うこと。また、そのかかわり合い。「前後の―から判断する」「事件に―する」
②あるものが他に対して影響力をもっていること。また、その影響。「気圧の―で耳鳴りがする」「国の将来に―する問題」
③人と人との間柄。また、縁故。「あの人とはどういう―ですか」「友好―を結ぶ」「父親の―で入社する」
④性的に交わること。「人妻と―をもつ」「妻子のある男性と―する」

⑤（他の名詞の下に付いて）その方面。そういう領域。「音楽─の仕
　事」「アウトドア─の雑誌」

　ここでは昔話『桃太郎』を例に、要素と関係の具体例を示します。

　桃太郎に登場する要素、つまり桃太郎を成立させている内容には
下記のようなものがあります。

　桃太郎、おじいさん、おばあさん、山、川、桃、きびだんご、イ
　ヌ、サル、キジ、鬼、鬼ヶ島

　逆に、下記は桃太郎の要素ではありません。桃太郎には書かれて
いないことです。

　金太郎、おとうと、いもうと、谷、海、りんご、マドレーヌ、ウ
　マ、ゴリラ、幽霊

次に、『桃太郎』に登場する関係、つまり『桃太郎』に登場する要素同士の関わり合いを見てみると、下記のようなものがあります。

- 桃太郎と桃の関係：桃太郎は桃から生まれる、桃は桃太郎が生まれてくる場所
- 桃太郎とイヌの関係：イヌは桃太郎のお供になる、桃太郎はイヌをお供にする
- イヌとサルとキジの関係：3匹とも桃太郎のお供になる、イヌ→サル→キジの順にお供になる

逆に、下記は桃太郎の関係ではありません。

- 桃太郎は桃を食べる
- 鬼はきびだんごを食べる
- おばあさんは山に行く

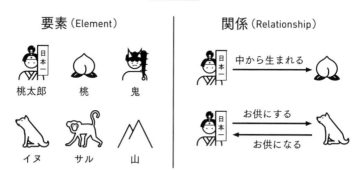

要素と関係

Easy-To-Understand Diagram-ization

このように、『桃太郎』という物語は、要素と、関係の組み合わせで成り立っています。桃太郎自体も要素です。要素はいくつかの要素と関係の組み合わせで成り立っている、入れ子構造のようなものなのです。

　例えば人間という要素は、頭と上半身と下半身の3つの要素が、頭、上半身、下半身の順の位置関係の組み合わせで成り立ち、頭は、目、鼻、口、耳の組み合わせで成り立っているというように。

　また、属性（Attribute）についても補足しておきましょう。

　属性とは「要素それぞれが持っている特性、性質」のことで、要素を補足するものであったり、要素を分類するときの参考になるものです。これ以外にも、ラベル（Label）を付ける方法もあります。

　例えば「桃太郎、おじいさん、おばあさん」という要素は"名前"や"性別"などの属性を持っています。"性別"という属性を使うと、桃太郎とおじいさんは男性に、おばあさんは女性に分類できます。

　また「桃太郎、おじいさん、おばあさん、山、川」という要素に対しては"生物"か"無生物"かというラベルを付けることで、桃太郎とおじいさん、おばあさんを「生物」に、山と川を「無生物」に分類することができます。

　このように、属性やラベルは、要素の分類に役立ちます。

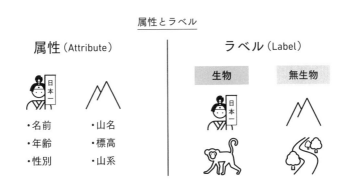

属性とラベル

要素と関係のイメージがつかめたでしょうか。

　要素は内容それ自体、文章では名詞で表現されるものになります。一方で、関係は要素と要素のつながり、文章では動詞で表現されるものです。

　文章は「何がどうする」の連なりで情報を表現していきます。「何」が名詞なので要素、「どうする」が動詞なので関係にあたります。つまり、文章は要素と関係を文字という要素を使って表現したものなのです。そして、図解は要素と関係を「字・図形・画」の3つを使って表現したものになります。

　先ほどの「イヌは桃太郎のお供になる」という文章は、「イヌ」「桃太郎」という要素が「お供になる」という関係を持っているという情報を文字で表現しています。これを図解にすると、たとえば「イヌ」「桃太郎」は字と円で、「お供になる」は「お供」という字と矢印で表現できるでしょう。

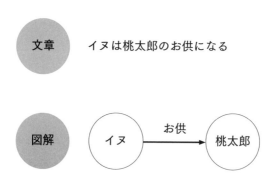

文章と図解はどちらもコミュニケーションツールであり、情報を表現して他者とやりとりするための手段です。表現の方法が違うだけなので互換性があります。

　つまり、ほとんどの文章は図解に変換することができます。逆もしかりで、図解を文章に変換することもできます。他にも、音声や絵もコミュニケーションツールです。文章を読み上げるというのは、文章から音声への変換をしている行為でもあるのです。

　私たちは日常的に文章と音声の変換をしています。音声にも発音というお作法が、文章にも文法というお作法が存在します。これから学ぶ「分解の文法」は、図解におけるお作法です。分解の文法と聞くと難しく聞こえるかもしれませんが、自然に日本語を書いたり読み上げたりしている人であれば、すでに文章と音声のお作法は習得しているのです。

　今回は図解のお作法を学んでいきましょう。

図解作成の3つの手順｜
「整理」「整頓」「図化」

　図解は要素と関係という2種類の情報を、字・図形・画を用いて表現するコミュニケーション手段のひとつです。

　要素と関係を理解してもらうために、情報を「整理」「整頓」「図化」します。

　「整理」「整頓」「図化」は要素と関係それぞれに対して行います。つまり、やることは要素の整理、関係の整理、要素の整頓、関係の整頓、要素の図化、関係の図化、の6つということになります。

図解作成で行うこと

	Step.1「整理」	Step.2「整頓」	Step.3「図化」
要素	要素の整理	要素の整頓	要素の図化
関係	関係の整理	関係の整頓	関係の図化

　本書ではStep.1を整理、Step.2を整頓、Step.3を図化としていますが、実際に図解を作るときはステップ順にたどるだけでは図解が完成しないこともあります。あくまでもこの3Stepは基本的な順番であり、状況によっては整頓から始めたり、図化から始めたり、整理と整頓と図化を行き来したりする場合があります。

　ただ、どれだけ複雑な図解でも、やっていることはこの3つの組み合わせに過ぎないこと、また、整理から始めて整頓、そして図化をする順番で行うと進めやすいため、今回は「図解をするときに行う作業の基本的な順番」として整理、整頓、図化の順に紹介します。

整理と整頓の違い

　各ステップの詳細に移る前に整理と整頓の違いを説明します。

　日本では「この部屋は整理整頓した方がよい」など、整理と整頓の違いがあまり意識して使われていませんが、整理と整頓にはニュアンスの違いがあります。本書では「デジタル大辞泉」を参考にしつつ、意図して使い分けて表現します。

　本書での定義は、**整理とは「情報を必要なものと不要なものに“分け”て、不要なものを“捨てる”こと」。整頓とは「情報をある切り口で“解”して、より細かい情報にして“揃える”こと」**です。

　▶ **せい－り【整理】**
①乱れた状態にあるものを整えて、きちんとすること。「資料を整理する」「気持ちの整理がつく」「交通整理」
②無駄なもの、不要なものを処分すること。また、あとあと煩わしい問題が起こらないように処理すること。「人員を整理する」「身辺を整理する」
③株式会社が支払不能・債務超過に陥るおそれまたはその疑いがあるとき、再建を目的として裁判所の監督の下に行われる手続き。商法に規定があったが、平成18年（2006）5月、会社法の施行に伴い、この制度は廃止された。
④新聞編集において、原稿や写真などを取捨選択し、見出しを付け、紙面を構成すること。またその業務を行う部署。「編集局整理部」

　▶ **せい－とん【整頓】**
［名］（スル）きちんとかたづけること。また、きちんとかたづくこと。整うこと。「部屋を整頓する」「新政府の組織が次第に―して」

整理と整頓の詳細は後述するとして、ここでは整理と整頓の違いに注目してみましょう。

整理という言葉には大きく、整えるという意味と、無駄なものや不要なものを処分することという2つの意味があります。対して、整頓という言葉には、片付けること・整えることという意味しかありません。不要なものを捨てるという意味は整理にしかないのです。

また、整理にも整頓にも整えるという意味がありますが、整理は心や状況などの目に見えないものも含めて整えるというニュアンスがあるのに対して、整頓はモノの位置や場所などを空間的に整えるというニュアンスがあるという細かな違いがあります。

整理と整頓の一番の大きな違いは、捨てるという意味が整理にしかないことです。捨てるとはすなわち要素を減らすこと。つまり、整理すると要素が減るのです。

例えば果物が10個、テーブルの上に置いてあります。一部が腐っていて食べられないので、腐っている果物を捨てます。2個腐っていたので捨てると、残りは8個になりました。これは整理です。

一方で、整頓をしても要素は減りません。整頓とは情報を空間的に整えることだからです。ただし、要素が解れることはあります。

解れるとは、もつれたり、固まったりしたものが解けて離れて細かくなることです。抽象的な大きな要素が、ある切り口や視点で切り分けられることで、より具体的で細かな要素に分かれることです。分かれるので、要素は増えたようにも見えます。

例えば、テーブルの上に置いてある10個の果物を、果物の種類「りんご」と「みかん」という切り口で整頓すると、りんご6個とみかん4個に分けられたとします。これは整頓の一種です。果物という抽象的で大きな要素を、りんごとみかんというより具体的な要素に

解したと言えるでしょう。りんごとみかんはどちらも果物の種類という、同じ抽象度で揃えられた切り口です。例えば「果物とりんご」という分け方は、切り口の抽象度が揃っていないので、適切とは言えません。

　整頓をしても要素の数は減りません。果物をりんごとみかんに分けたのは、あくまで切り口であって、要素の数は10個で変わりません。

　また、果物という"要素のカテゴリー"の抽象度の切り口はそのままに、テーブルの上に置いてある10個の果物を、5行×2列に並べることも整頓です。これは"位置"という切り口で、10個の果物を整頓したと言えます。ここでもやはり、要素の数は10個で変わりません。

整理と整頓

整理 = いらないものを捨てること

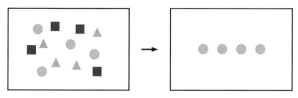

整頓 = きちんと片付けて整えること

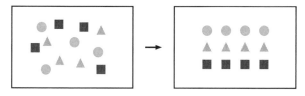

例えば、ネットショッピングサイトの検索機能によくある「絞り込み」と「並べ替え」をイメージすると、整理と整頓の違いとしてわかりやすいかもしれません。

　「絞り込み」が整理、「並べ替え」が整頓にあたります。

　「絞り込み」では「評価が星４つ以上」「価格が１万円以下」など、自分が欲しい商品の基準に従って、表示する商品（要素）を絞り込みます。逆に言えば、基準を満たさない重要でない不要な要素を捨てています。

　「並べ替え」では「価格が安い順」「人気順」など、商品（要素）同士の関係性を価格や人気度などの切り口で並べ替えます。このとき、表示する商品（要素）の数自体は減っていませんが、並び順はある任意の切り口で揃っているはずです。

　整理とは要素や関係を目的に対して必要か不要かという切り口で分けてから不要なものを捨てること。整頓とは要素が持つ情報や要素同士の関係性をある切り口で解して揃えること。整理と整頓にはこのような違いがあるのです。

Step.1 ｜ 整理

さて、ここからは図解の３ステップ「整理」「整頓」「図化」のそれぞれについて、細かく見ていきましょう。

まずは最初のステップ、「整理」についてです。

図解における整理を定義すると「図解したい情報の要素と関係を、図解の目的に対して必要なものと不要なものに分けて、不要なものを捨てること」となります。

ただ、「整理」は主に要素を中心に行います。

関係に対しても整理はしますが、要素がきちんと整理されていれば、余分な要素がないために要素数は少なくなり、おのずと関係の数も少なくなります。要素がきちんと整理されていれば、関係の整理も自然にされていることになるのです。

また、整理は言い換えれば「必要か不要かという切り口で揃えてから（＝整頓してから）、不要なものを捨てること」とも言えます。図解をする目的に対して、図解する対象に登場する要素や関係が必要なのか、不要なのかを考える。そして不要なものを捨てる。整理とは、「必要か不要か」という切り口に特化した整頓をして、不要を捨てるというアクションをすることです。

ではなぜ、不要な要素や関係をわざわざ捨てなければならないのでしょうか。それは、**不要なものを捨てないと、必要なものが何なのかわかりづらくなるからです。**

不要な要素や関係を捨てておかないと、図解に含まれる情報量が多すぎてしまいます。情報量が多すぎると図解を見る人はどこが重要な点なのか、どこを見れば内容がわかるのかをまず探さなければなりません。

図解の作り手は情報を整理して"捨てる"ことで、読み手が情報を拾いやすくする必要があります。情報を拾えなければそもそもわかってもらえません。

整理されていない図解は、タイトルや見出しのない本のようなもの。本にタイトルや見出しがあることで、その本のテーマや内容は何なのか、結局何を伝えたいのか、重要な情報はどこなのかを、少ない情報量で理解することができます。図解の整理も同じで、伝えたい情報がたくさんある中で、何を捨てて何を残せば伝えたい要点を伝えられるのかを考える作業なのです。

ただし、情報を整理するだけでは、情報の関係性は見えづらいままです。関係性をより良く伝えるためには、整理だけでなく整頓する必要があります。

たとえると、整理だけして整頓していないのは絞り込み機能だけあって、並べ替え機能がない検索機能のようなものです。

条件に合った候補を出してはくれますが、候補同士の関係性や順位がわからないので、候補同士の比較ができません。「あなたの希望に合った候補を3つ見つけました！　ただ、比較されると困るので詳細はお伝えできません。お好きなものを1つだけ選んでください！」と言われているのと一緒です。いくら候補が少なくても、候補の関係性がわからなければ選びようがありません。

では具体的に、第1章で紹介した理解効率の図解を使って、文章を図解するときの「整理」の仕方をイメージしてみましょう。

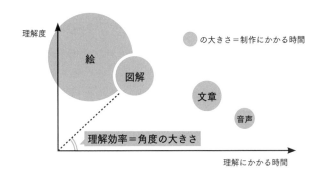

理解度の図解

理解度

絵

図解

の大きさ＝制作にかかる時間

文章

音声

理解効率＝角度の大きさ

理解にかかる時間

理解効率の図解のもとになっているのは、次のような文章です。

　絵・図解・文章・声の４つの伝え方を比較すると、理解度や記憶率は高い方から絵＞図解＞文章＞声の順。理解にかかる時間も、短い方から同じ順。ただし、その制作にかかる負荷は絵が圧倒的に大きく、次いで図解＞文章＞声と続く。つまり、図解は情報伝達手段としてコスパが良い。

Step.1 整理するもの

文章

絵・図解・文章・声の4つの伝え方を比較すると、理解度や記憶率は高い方から絵＞図解＞文章＞声の順。理解にかかる時間も、短い方から同じ順。ただし、その制作にかかる負荷は絵が圧倒的に大きく、次いで図解＞文章＞声と続く。つまり、図解は情報伝達手段としてコスパが良い。

文章を図解するとき、まず必要なのは文章の情報の整理です。文章を読み解いて、その文章が、何について書かれているのか（＝テーマ）やどんな主張をしているのか、主張を支える説明や補足の内容などを整理していきます。

　文章は章や節、段落などのかたまりごとに書かれるものですが、テーマや主張は章や節、段落の最初の文または最後の文に登場することが多いです。また、文章のテーマはそのまま図解の見出しとして使うこともあります。

　今回の文章の場合、まずテーマと主張と内容の3つに分けて考えてみると、テーマ、内容、主張の順に、次のように書かれていることがわかります。

▶ **テーマ**
絵・図解・文章・声の4つの伝え方を比較すると、

▶ **内容**
理解度や記憶率は高い方から絵＞図解＞文章＞声の順。理解にかかる時間も、短い方から同じ順。ただし、その制作にかかる負荷は絵が圧倒的に大きく、次いで図解＞文章＞声と続く。

▶ **主張**
つまり、図解は情報伝達手段としてコスパが良い。

　さらに内容を「①比較されている切り口」と「②切り口での順位」の2つに分けて考えてみると、次のように3つの切り口でそれぞれ順位がつけられています。

　理解度や記憶率は高い方から、絵＞図解＞文章＞声の順。理解にかかる時間も、短い方から同じ順。ただし、その制作にかかる負荷は絵が圧倒的に大きく、次いで図解＞文章＞声と続きます。

▶ **比較されている切り口…切り口での順位**

- 理解度や記憶率…絵＞図解＞文章＞声

- 理解にかかる時間…短い方から同じ順（つまり絵＞図解＞文章＞声）

- 制作かかる負荷…絵が圧倒的に大きく、次いで図解＞文章＞声

Step.1 整理の流れ①

絵・図解・文章・声の4つの伝え方を ⟵ 見出し
比較すると、理解度や記憶率は高い
方から絵＞図解＞文章＞声の順。理
解にかかる時間も、短い方から同じ
順。ただし、その制作にかかる負荷
は絵が圧倒的に大きく、次いで図解
＞文章＞声と続く。つまり、図解は ⟵ 主張
情報伝達手段としてコスパが良い。

　ここまでで文章がどんな構造で作られているかをざっくりと読み解きました。次に、文章の余分な部分を捨てていきます。つまり、整理します。

　文章の余分な部分は、大きく2種類に分けられます。①情報の優先度として低いので図解に載せない部分と、②情報としては図解に載せるが、字としては不必要な、文章の切れ端のような部分です。

　「①情報の優先度として低いので図解に載せない部分」は、要素の整理をする部分と言い換えられます。

　一枚の図にするには情報量が多すぎる、または図にして伝えたい内容としては優先度が低いために、図にしないという選択をします。

　今回の文章は情報量も多くなく、また伝えたい内容と違う情報が書かれている部分もないので、この整理は行いません。

　「②情報としては図解に載せるが、字としては不必要な、文章の切れ端のような部分」は、関係の整理をする部分とも言えます。

文章において関係の整理をするとは、余分な品詞を取り除くことです。文章を図解にする場合、文章の全ての文字をそのまま抜き出して図にすることはしません。

　品詞のうち図にするには不必要な助動詞や助詞、接続詞などを取り除き、代わりに図形や画を用いて関係性を表現することで端的に表現します。

　今回の文章で行う整理は、こちらの関係の整理です。
　具体例で見てみましょう。もともとの文章はこちらでした。

> 　絵・図解・文章・声の4つの伝え方を比較すると、理解度や記憶率は高い方から絵＞図解＞文章＞声の順。理解にかかる時間も、短い方から同じ順。ただし、その制作にかかる負荷は絵が圧倒的に大きく、次いで図解＞文章＞声と続く。つまり、図解は情報伝達手段としてコスパが良い。

　この文章に対して余分な部分の削除、表現の整理をして、先ほどのテーマ、内容、主張で並べてみると、次のようになります。

▶ テーマ
絵・図解・文章・声の4つの伝え方を比較
▶ 内容
理解度や記憶率…絵＞図解＞文章＞声
理解にかかる時間…同じ順
制作にかかる負荷…絵が圧倒的に大きく、次いで図解＞文章＞声
▶ 主張
図解は情報伝達手段としてコスパが良い

Step.1 整理の流れ②

文章 → 箇条書き

絵・図解・文章・声の4つの伝え方を比較すると、理解度や記憶率は高い方から絵＞図解＞文章＞声の順。理解にかかる時間も、短い方から同じ順。ただし、その制作にかかる負荷は絵が圧倒的に大きく、次いで図解＞文章＞声と続く。つまり、図解は情報伝達手段としてコスパが良い。

絵・図解・文章・声の4つの伝え方を比較

理解度や記憶率	絵＞図解＞文章＞声
理解にかかる時間	同じ順
制作にかかる負荷	絵が圧倒的に大きく、次いで図解＞文章＞声

図解は情報伝達手段としてコスパが良い

　文章のつなぎ目として書かれている「すると」「ただし」や補助的な説明部分の「高い方から」「の順」、句読点などを整理しました。

　このように文章を整理していくと、箇条書きのようになります。箇条書きは文章から余分な部分（文章の補足やつなぎ目となる部分）を削ぎ落とし、端的に内容をまとめたいときに優れた書き方でもあります。

　これで、文章を図解にするステップの１つ目の整理は完了です。

Step.2 | 整頓

　次は図解の３ステップの２つ目、「整頓」についてです。

　まずは「整頓」とは何か、定義してみましょう。
　整頓とは「情報をある切り口で"解（ほぐ）"して、より細かい情報にして"揃える"こと」です。「要素が持つ情報や要素同士の関係性をある切り口で解して揃えること」とも言えます。
　Step.1の「整理」では要素と関係のうち、主に要素を中心に行う手順と説明しましたが、「整頓」は関係を中心に行う手順です。もちろん関係だけでなく、要素の整頓も行います。
　「整理」がしっかりと行われていると、図解したい情報の要素の数が少なくなっているはずです。要素の数が少なければ必然的に関係の数も少なくなっているので整頓はしやすいでしょう。
　「整理」がうまくできていなくても安心してください。要素の数から絞れない場合は、Step.2の「整頓」から始めて、先に関係の数を少なくしてから「整理」に進むのもひとつの手です。
　図解する元の情報に対して「伝えたい要素は何か？」「理解するときに外せないモノは何か？」と問うのが整理のアプローチだとすれば、「伝えたい関係は何か？」「理解するときに外せない関係性、順位、構造は何か？」と問うのが整頓のアプローチです。やりやすい方から始めてみましょう。

　ではなぜ、要素や関係をある切り口で解して揃える必要があるのでしょうか。
　それは、第２章でもお伝えしたとおり、揃えることで差がつき、差がつくことでわかるようになるからです。逆に**揃えておかないと、情報を理解するのに時間や負担がかかったり、情報からわかることが少なくなってしまいます。**

Easy-To-Understand Diagram-ization

情報を理解するのに負担がかかるとはどういうことか。要素の整頓で例を挙げてみましょう。

　りんご、みかん、ぶどうの3つが果物屋に置いてあったとして、値札にりんご300円、みかん200ユーロ、ぶどう180ドルと書かれていたらどうでしょうか。

　お金という切り口では揃っていますが、通貨が円、ユーロ、ドルとバラバラなので金額の差がつけられずどれが安いのか高いのか比較がしづらくなっています。

　また、情報からわかることが少なくなるということについても、関係の整頓で例をあげてみます。

　Aさん、Bさん、Cさんの3人がいて、次の3つの関係性がわかっているとしましょう。

- Aさんはβさんよりも身長が5cm高い。
- BさんはCさんと小学校からの幼馴染である。
- CさんはAさんよりも速く走れる。

　関係性の切り口が「身長」「仲の良さ」「走る速さ」とバラバラなので、この3つの情報以外に新たにわかることがありません。

　もし関係性の切り口が「身長」に揃っていたら、2つの情報から新たな情報を見いだせるようになります。

- Aさんはβさんよりも身長が5cm高い。
- βさんはCさんよりも身長が3cm高い。

　仮にこの2つの情報があったとすると、「AさんはCさんよりも身長が8cm高い」という新たな情報が導けます。

このように、**情報を整頓すること**は、**与えられた情報を効率的に理解する**ことにもつながりますし、**与えられた情報から新たな情報を得る**ことにもつながります。

ただし、情報の整理だけでは不十分なように、情報の整頓だけでも片手落ちになってしまいます。情報の整頓だけでは情報量が減らないため、いくらきれいに揃っていても読み手が理解できなかったり、要点が見いだせず「結局何を伝えたいの？」と言われてしまうかもしれません。

整頓だけして整理していないのは並べ替え機能だけあって、絞り込み機能がない検索機能のようなものです。

「あなたの希望に沿った"安くて美味しいもの順"に商品ランキング形式で紹介します！　候補は1,000個あるのですが、今から1つずつ紹介していきますね！」と言われているのと一緒です。

では先ほどの続きで、理解効率の図解を使って、文章を図解にするときのStep.2「整頓」の仕方をイメージしてみましょう。

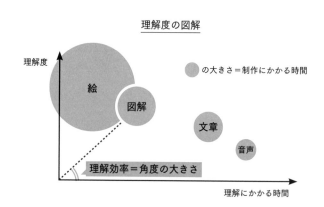

Step.1の「整理」で、図解に必要のない部分を捨てることで、文章から箇条書きのような表現に落とし込みました。Step.2の「整頓」では、情報の切り口を揃えることで、表の形式にまで落とし込んでいきます。

Step.1 整理

文章

箇条書き

絵・図解・文章・声の4つの伝え方を比較すると、理解度や記憶率は高い方から絵＞図解＞文章＞声の順。理解にかかる時間も、短い方から同じ順。ただし、その制作にかかる負荷は絵が圧倒的に大きく、次いで図解＞文章＞声と続く。つまり、図解は情報伝達手段としてコスパが良い。

絵・図解・文章・声の4つの伝え方を比較

理解度や記憶率	絵＞図解＞文章＞声
理解にかかる時間	同じ順
制作にかかる負荷	絵が圧倒的に大きく、次いで図解＞文章＞声

図解は情報伝達手段としてコスパが良い

Step.1で整理したテーマ、内容、主張を改めて見てみましょう。今回の例では、内容が文章の時点である程度整頓されている、つまり情報がある切り口で揃っています。

Step.1で整理したもの

箇条書き

絵・図解・文章・声の4つの伝え方を比較

理解度や記憶率	絵＞図解＞文章＞声
理解にかかる時間	同じ順
制作にかかる負荷	絵が圧倒的に大きく、次いで図解＞文章＞声

図解は情報伝達手段としてコスパが良い

絵・図解・文章・声の4つの伝え方を比較

▶ 内容

理解度や記憶率…絵＞図解＞文章＞声

理解にかかる時間…同じ順

制作にかかる負荷…絵が圧倒的に大きく、次いで図解＞文章＞声

▶ 主張

図解は情報伝達手段としてコスパが良い

　3つの切り口は「理解度や記憶率」「理解にかかる時間」「制作に
かかる負荷」で、伝え方の4つの要素「絵」「図解」「文章」「声」
の順番を説明しているのが今回の文章の構造です。これを表で表現
すると、切り口が表の行に、順番が表の列に、伝え方の4つの要素
が行列の要素になります。

　実際にこの表に要素を当てはめてみると、3つの切り口のどれも
が絵、図解、文章、声の順に並ぶことがわかります。

4つの伝え方を比較する

	1	2	3	4
理解度・記憶率	絵	図解	文章	声
理解にかかる時間	絵	図解	文章	声
制作にかかる負荷	絵	図解	文章	声

　文章では「絵＞図解＞文章＞声」「同じ順」「絵が圧倒的に大きく、
次いで図解＞文章＞声」と異なる表現で書かれていましたが、順位
という切り口ではどれも同じことを伝えていました。

　ただ、「絵が圧倒的に大きく」というニュアンスが、表では切り

取られてしまうことに注意しましょう。順位という切り口では1位、2位と同じ表現に捨象されます。マラソン競争で、1位と2位の差が1時間であろうと1秒であろうと、表彰台の上ではどちらも1位と2位として立つことと同じです。順位には差分の概念がありません。

　整頓して表にする段階では捨象される情報ですが、Step.3で図化するときに「圧倒的に大きい」という情報を再び付け加えることも検討してみましょう。

　さて、箇条書きの情報を「理解度・記憶率」や「順位」という切り口で整頓して表にすることで図解する準備が整いましたが、もうひとつ注意したいことがあります。それは**"切り口の表現"**です。

　「理解度・記憶率」のような度合いや確率は、高いか低いかで表されることが多く、「理解にかかる時間」のような経過時間は、長いか短いかで表現されることが多いです。また、「制作にかかる負荷」のような負荷は、大きいか小さいかで表せます。"表"にするときはこのような切り口の表現は捨象されるのですが、この後のステップの図化で役に立つことがあるので、表に書き記しておくと良いでしょう。

Step.2 整頓の流れ

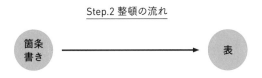

箇条書き	→	表

絵・図解・文章・声の4つの伝え方を比較

理解度や記憶率	絵＞図解＞文章＞声
理解にかかる時間	同じ順
制作にかかる負荷	絵が圧倒的に大きく、次いで図解＞文章＞声

図解は情報伝達手段としてコスパが良い

絵・図解・文章・声の4つの伝え方を比較

	1	2	3	4
理解度記憶力	高 絵	図解	文章	声 低
理解にかかる力	短 絵	図解	文章	声 長
制作にかかる負荷	大 絵	図解	文章	声 小

　整理と整頓のステップが終わると、図解したい情報は表に近い形で表現することができます。この表を使って文章を図解にするステップ、図化に進みましょう。

Step.3 ｜ 図化

　「整理」と「整頓」を繰り返して情報を表のように整えたら、3ステップの最後である「図化」を行います。

　図化は測量や地図を作成する分野で使われる言葉で、「ブリタニカ国際大百科事典 小項目事典」では「図化機などで，等高線やいろいろな対象物を描画する操作。プロット，実体図化，機械図化ともいう。写真測量によらないときも，平板測量または資料によって地図の形に描画することを図化という。」と定義されていますが、本書では漢字の意味そのままに「(情報を) **図にすること**」という意味で使っています。

　「図化」ではここまでまとめてきた要素や関係を、字や図形、画に変換していきます。

　では先ほどの続きで、理解効率の図解を使って、文章を図解にするときのStep.3「図化」の仕方をイメージしてみましょう。

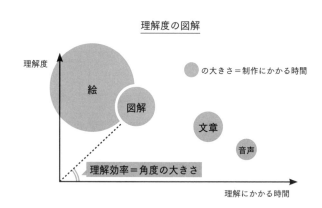

Step.2の「整頓」までで、図解したい文章を「理解度・記憶率」や「順位」という切り口で整頓することで表の形式に落とし込みました。この表を使っていよいよ図にしていきます。

Step.2で整理したもの

表

絵・図解・文章・声の4つの伝え方を比較

	1	2	3	4
理解度記憶率	高 絵	図解	文章	声 低
理解にかかる時間	短 絵	図解	文章	声 長
制作にかかる負荷	大 絵	図解	文章	声 小

まずはこの表をどのように図にするかを考えます。この図で伝えたいことは、図解という情報伝達手段が他に比べてコスパが良いこと、つまり「絵・図解・文章・声」の4つの情報伝達手段の比較でした。それら4つの要素を3つの切り口で比較するので、今回は要素同士の比較をするときに使いやすい「マッピング」というフレームワークを使うことを検討します（図解のフレームワークについては次の章で解説します）。

まずは2つの切り口、「理解度・記憶率」と「理解にかかる時間」に着目して、マッピングフレームワークにならって縦軸と横軸をとります。このときの軸のとり方、どちらを縦軸にしてどちらを横軸にするかを考える時に役立つのが先ほど考えた"切り口の表現"です。

絵・図解・文章・声の4つの伝え方を比較

	1	2	3	4	
理解度記憶率 高	絵	図解	文章	声	低
理解にかかる時間 短	絵	図解	文章	声	長
制作にかかる負荷 大	絵	図解	文章	声	小

　「理解度・記憶率」は高いか低いかで表されることが多く、「理解にかかる時間」は長いか短いかで表現されることが多いだろうと考えました。高いか低いかという表現は物理的に上にあるものと下にあるものを指すと私たちの感覚に合うでしょう。つまり、高いか低いかという言葉で表せる「理解度・記憶率」は縦軸に置いたほうが自然だということになります。

　同様に、「理解にかかる時間」のような所要時間を示す「短い・長い」は感覚として上下にのびるイメージでしょうか。はたまた、左右にのびるイメージでしょうか。今回はもうひとつの切り口が「高い・低い」と上下にのびる縦軸のイメージが強いので、横軸で置いてみましょう。

　「理解度・記憶率」を縦軸に、「理解にかかる時間」を横軸にとって「絵・図解・文章・声」の4つを表に従って並べてみると、図の左上から右下に向かって並びました。

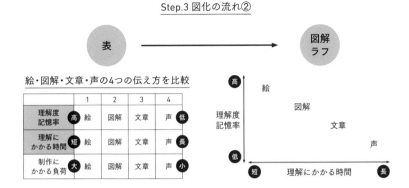

Step.3 図化の流れ②

絵・図解・文章・声の4つの伝え方を比較

		1	2	3	4	
理解度記憶率	高	絵	図解	文章	声	低
理解にかかる時間	短	絵	図解	文章	声	長
制作にかかる負荷	大	絵	図解	文章	声	小

さて次は、残された3つ目の切り口「制作にかかる負荷」をどのように図化するかです。縦軸と横軸を使って位置で2つの切り口を表現したので、もう位置での表現はできません。奥行きの軸をとって3D空間のように見せることもできなくはないですが、基本的に見づらくなってしまうため避けたいところです。

ここでも役立つのが"切り口の表現"です。負荷の切り口は「大きい・小さい」でした。ですので、負荷は何かしらの大きさで表現することを考えてみます。今回は4つの要素「絵・図解・文章・声」の下に、円を敷き、その円の大きさで負荷の度合いを表現することにしてみましょう。大きい順から絵、図解、文章、声の順に円の大きさを変えてみます。また、円の大きさが「制作にかかる負荷」を表していることも補足として図に記しておきましょう。

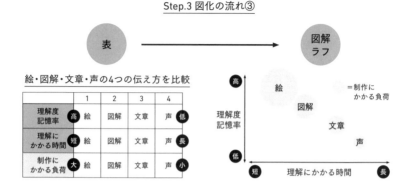

Step.3 図化の流れ③

　これで表の中身については全て、3つの切り口それぞれについての順位を表現できたことになります。この状態の図解は、最終調整する前の図解なので「図解ラフ」とでも呼んでおきます。ここから図解ラフをさらに調整していきます。

　調整の方法は、文章から表にするまでに抜け落ちた情報がないかを確認し、抜け落ちたものがあれば図に反映します。
　今回文章には載っていたけれど、今の表には載っていない情報は次の2つになります。

①内容 = 制作にかかる負荷は絵が「圧倒的に」大きいこと
制作にかかる負荷は絵が"圧倒的に"大きく、
次いで図解＞文章＞声と続く。

②主張 =「図解」に焦点を当てた文章であること
図解は情報伝達手段としてコスパが良い。

この2つの情報を図解に反映してみましょう。

Easy-To-Understand Diagram-ization

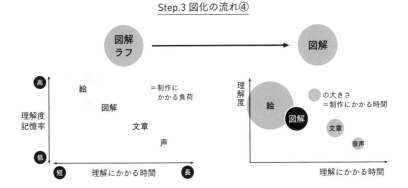

Step.3 図化の流れ④

「①制作にかかる負荷は絵が『圧倒的に』大きいこと」については、負荷は円の大きさで表していました。そこで、「絵」の背景に敷いた円の大きさをもっと大きくし、理解度の縦軸をまたぐぐらいに大きくしてみましょう。パッと見ただけで絵の負荷が大きいことを伝えられるぐらいの差をつけたいですね。

「②『図解』に焦点を当てた文章であること」については、「図解」の背景に敷いた円の色を変えてみました。あわせて、円の色や大きさを識別しやすいように背景色を全体的に濃くして、文字色を調整します。絵の負荷（＝大きさ）が圧倒的に大きいことを円の大きさで示しつつも、話の焦点は図解に当たるように色のコントラストと大きさのバランスをとります。

　ここで再度「整理」の視点も持ち込んでみましょう。冗長な情報がないか、削っても本質的に問題ない情報がないかを考えます。

　今回は、縦軸の「理解度・記憶率」という切り口は「どれだけ理解できたかが、その後どれだけ記憶できているかに関わるためどちらかひとつの表現に削ってしまっても伝えたいことは伝わる」と判断し、「理解度」のみに絞りました。

また、縦軸と横軸の切り口の表現である「高い・低い」「短い・長い」は、「文字で表現しなくても位置関係で直感的に伝わる」と判断し、削ります。文字に残すと、縦軸と横軸の交点近くに配置したい「低い」と「短い」が混在し理解しづらくなったり、交点は本来高さもゼロ、時間もゼロの状態を表すはずなのに「低い」「短い」とゼロではない状態を表してしまう懸念があるためです。

　こうして、もとの文章の情報を視覚で直感的に理解しやすいように表現できたかを確認できたら、図化のステップは終了です。

※第1章では説明のために"理解効率（理解度÷理解にかかる時間）"を図に描き足しています。

Step.3 図化したもの

改めて文章を図解にする3つのステップ「整理」「整頓」「図化」をまとめて振り返ってみましょう。

- 整理とは「図解したい情報の要素と関係を、図解の目的に対して必要なものと不要なものに分けて、不要なものを捨てること」。
- 整頓とは「情報をある切り口で"解"して、より細かい情報にして"揃える"こと」「要素が持つ情報や要素同士の関係性をある切り口で解して揃えること」。
- 図化とは「（情報を）図にすること」。

　文章を整理することで箇条書きに、箇条書きを整頓することで表に、表を図化することで（図解ラフと）図解に変換していきました。

　もとの文章と最終的なアウトプットである図解だけを見ると、急な変換に見えるかもしれません。しかし、文章から図解にするには、ここまで紹介したように3つのステップがあります。一見理解しがたい複雑そうに思える変化も、そのステップ一つひとつを細かく分けていけば、何が起きているのかを理解しやすくなるはずです。

3ステップで文章を図解に変換

文章	➡	箇条書き	➡	表	➡	図解

| Step.1
整理 | | Step.2
整頓 | | Step.3
図化 |

文章 ➡ 箇条書き

絵・図解・文章・声の4つの伝え方を比較すると、理解度や記憶率は高い方から絵＞図解＞文章＞声の順。理解にかかる時間も、短い方から同じ順ただし、その制作にかかる負荷は絵が圧倒的に大きく、次いで図解＞文章＞声と続く。つまり、図解は情報伝達手段としてコスパが良い。

絵・図解・文章・声の4つの伝え方を比較

理解度や記憶率	絵＞図解＞文章＞声
理解にかかる時間	同じ順
制作にかかる負荷	絵が圧倒的に大きく、次いで図解＞文章＞声

図解は情報伝達手段としてコスパが良い

Step.2 整頓

箇条書き ➡ 表

絵・図解・文章・声の4つの伝え方を比較

理解度や記憶率	絵＞図解＞文章＞声
理解にかかる時間	同じ順
制作にかかる負荷	絵が圧倒的に大きく、次いで図解＞文章＞声

図解は情報伝達手段としてコスパが良い

絵・図解・文章・声の4つの伝え方を比較

	1	2	3	4
理解度 記憶率	高 絵	図解	文章	声 低
理解に かかる時間	短 絵	図解	文章	声 長
制作に かかる負荷	大 絵	図解	文章	声 小

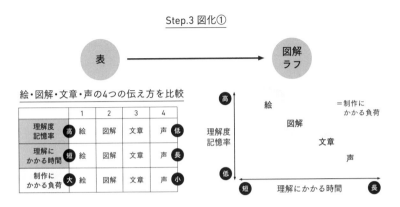

Step.3 図化①

絵・図解・文章・声の4つの伝え方を比較

		1	2	3	4	
理解度 記憶率	高	絵	図解	文章	声	低
理解に かかる時間	短	絵	図解	文章	声	長
制作に かかる負荷	大	絵	図解	文章	声	小

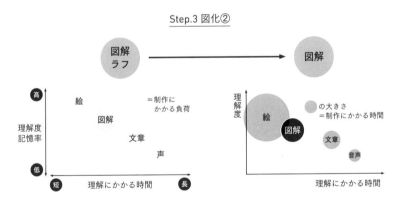

Step.3 図化②

図解作成の2つの基準

　ここまでは図解の作り方、「分解の文法」の手順として3つのステップを紹介しました。ここからは3ステップを進めるときの"基準"を紹介します。

　分解の文法の基準、つまり整理、整頓、図化するときの判断のものさしとなるのが図解の目的に沿って「目に従うこと」と「脳に従うこと」の2つになります。

　全ての図解に共通していることが2つあります。それは**図解を見るのは人間**だということと、**図解を見るのは目**（耳や鼻ではない）で**ある**ということです。

※例外として、駅構内にある点字を使った案内板などは「手で触ることで理解を促す図解」
　と言えるかもしれません。

　つまり図解は、人間の感覚器である目と脳がわかりやすい、差をつけやすいように情報を整理、整頓、図化していく必要があります。当たり前のことのように思えますが、実際に人間の目がどのように世界を捉え、それを脳がどう理解しているかを意識しながら図解を作れているかという視点は重要です。このような人間の「知」に関する活動を研究する学問を認知心理学といいます。

　本書は認知心理学の専門書籍ではありませんが、図解を作る際の参考のために簡単な解説をしつつ、分解の文法の基準である「目に従うこと」と「脳に従うこと」を紹介していきます。

　まず、人間の認知がどのようなメカニズムになっているかを知りましょう。人間の認知プロセスは大きく「①感覚②知覚③認知」の3つの段階に分かれます。しかし、これらの区別は曖昧で、厳密な線引きができるものではないことも覚えておいてください。

①感覚（Sensation）

感覚とは、「自分自身や周辺環境の変化・刺激を感じる仕組みや、それによって起こる意識のこと」です。

光・音・におい・味・圧力などの刺激を、人間は視覚・聴覚・嗅覚・味覚・触覚のような感覚として、目や耳、鼻、口、皮膚などの感覚受容器で感じ取ります。

刺激	光	音	におい	味	圧力など
感覚	視覚	聴覚	臭覚	味覚	触覚
感覚受容器	目	耳	鼻	口	皮膚

これらの感覚のうち、図解に関連する感覚は視覚ですね。

例えば、光による刺激を目で受け取ることで「赤い」「茶色い」「丸い」などの感覚を感じることができます。

②知覚（Perception）

知覚とは、「感覚受容器から得られた感覚をもとに、全体の状態や状況を把握すること」です。

例えば目の前にある物体に対して「赤くて丸くて、上の方から茶色の線が出ている」などの総合的な判断をすることまでを指します。

③認知（Cognition）

認知とは、「知覚した情報と過去の記憶などをもとに、知覚したものが何かを判断したり解釈すること」です。

先ほどの「赤くて丸くて、上の方から茶色の線が出ている」物体に対して、自分の記憶と照らし合わせることで「これはリンゴだ」と判断することを指します。

基準.1 ｜ 目に従う

「図解作成の基準「目に従う」とは、人間の認知プロセスの3段階「①感覚②知覚③認知」のうち、「①感覚」での基準になります。

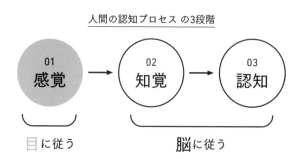

人間の認知プロセス の3段階

「目に従う」とは要するに、「目が感覚として捉えられるように作りましょう」ということです。

　もし目に従って図解を作っていないと、図解を見る人からは「図が見づらい」「違いがわからない」「何が描いてあるのかよく見えない」といったフィードバックが来てしまいます。

　そのようなフィードバックが来ないようにするためには、目が捉えやすいようにフォントサイズやコントラスト、色覚多様性などを意識して図解を作る必要があります。それが「目に従う」ということです。

▶「目に従う」基準の例①：フォントサイズ

フォントサイズは文字通り、「文字（の書体）の大きさのこと」です。目に従うためには、文字の最低限の大きさを確保する必要があります。

最低限の大きさを確保することは字だけでなく図形や画にも当てはまりますが、ほとんどの場合、大きさが小さすぎて感覚として捉えられないという問題が起こるのは字です。

フォントサイズが小さすぎると、「文字は見えるけど読めない」ではなく、「文字がそもそも見えない」状態になってしまいます。

「文字は見えるけど読めない」とは、感覚も知覚もできているけど認知ができていない（過去の記憶に万寿果の読み方がない）状態です。

一方、「文字がそもそも見えない」とは、背景の色（光）と文字の色（光）の差分の幅が小さすぎて感覚として捉えられない状態です。

見えるけれど読めない　　　　そもそも見えない

万寿果

パパイヤ

自分自身が見えないフォントサイズにしないように注意することはもちろんのこと、実際の図解の読み手は誰なのか、どこで見るのかを意識して図解を作成しましょう。

例えば想定する読み手が高齢者の場合や、パソコンで作っている図解をスマホで見てもらう場合は、フォントサイズを大きめにしたほうがよい可能性が高いです。

コントラストとは対比、つまり「2つ以上のものの差のこと」です。

コントラストが小さすぎると、目が感覚として差をつけられないので分けられない、つまり違いがわからない状態になってしまいます。

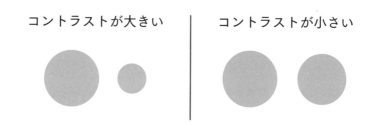

コントラストにはさまざまな種類があります。代表的なのは色のコントラストでしょう。他にも大きさのコントラストや形のコントラストなど、コントラストは視覚属性の数だけあります。

色相	明度	彩度
大きさ	形	位置

視覚属性とは、「視覚的な特徴のこと」です。コントラストの種類でも紹介したように、視覚属性には色や大きさ、形などさまざまなものがあります。

　視覚属性で一定以上のコントラストをつける（＝差をつける）ことで、読み手の目は対象を周囲とは別の光の刺激として受け取ります。

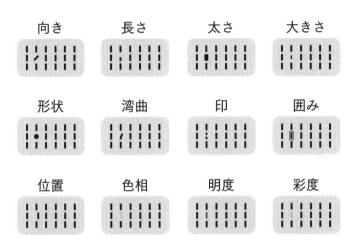

▶ 「目に従う」基準の例③：色覚多様性

色覚多様性とは、「人によって、色を識別する3種類の錐体が機能している度合いは異なる（＝色の見え方はさまざまである）こと」を指します。

「色覚異常」とも呼ばれていますが、日本遺伝子学会は2017年9月から「色覚多様性」という言葉を提唱しています。

例えば、3種類の錐体が全て揃っている"C型"の色覚の人と、緑の光を感じる錐体がない"D型"の色覚の人では、次の図の見え方は異なります。

C型の人の目では違う感覚として受け取れても、D型の人の目には同じ感覚として受け取ることがあるのです。

C型色覚の見え方　　　　　D型色覚の見え方

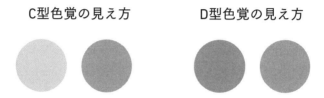

図解を作るときに全ての色覚に合わせて色を選ぶのは難しいかもしれませんが、そのような多様性があることは覚えておきたいところです。また、色ではない視覚特性を使ったり、色とは別の視覚特性を組み合わせてコントラストをつけることで、色覚多様性に対応した図解を作ることもできるでしょう。

基準.2 ｜脳に従う

　次は図解の３ステップを進めるときの"基準"の２つ目、「脳に従う」を見ていきましょう。

　「脳に従う」とは、人間の認知プロセスの３段階「①感覚②知覚③認知」のうち、「②知覚③認知」での基準になります。

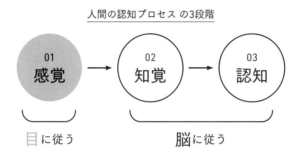

人間の認知プロセス の3段階

　「脳に従う」とは要するに、「脳が知覚・認知しやすいように作りましょう」ということです。

　"基準"の１つ目の「目に従う」とは、「目が感覚として捉えられるように作る」ことでした。しかし、たとえ目が感覚として捉えられていても、わかりづらい状況は起こります。

　「よく見ると違いがわかるけれどパッと見ではわかりづらい」「自分が持っているイメージと違うからわかりづらい」「情報が多すぎてわかりづらい」。このようなフィードバックは、いわゆる脳の認知負荷が高いことによって起きています。認知負荷を低くする、つまり、**目から得た情報を脳が楽に処理できるようにするには「脳に従う」意識を持ちましょう。**

　ここでは「脳に従う」ために意識したいことの例として、コントラスト、ゲシュタルト、錯視、視線誘導、メンタルモデルの５つを紹介します。

▶ 「脳に従う」基準の例①：コントラスト（対比）

コントラストについては「目に従う」でも紹介しました。コントラストとは対比、つまり「2つ以上のものの差のこと」でしたね。

差が小さすぎると目が感覚として捉えられないので"分けられない"状態になってしまいますが、たとえ感覚として捉えて分けられても差が小さいとパッと見では分けられず、よく見なければ分けられません。一見でわかるようにするには、脳が処理しやすい程度にコントラストを大きくしてあげる必要があります。

コントラストが大きくてわかりやすい

コントラストが小さくてわかりづらい

コントラストが小さすぎてわからない

また、2つのテキスト間（例えば見出しと本文）のフォントサイズの比率、つまりフォントサイズのコントラスト比率は「ジャンプ率」と呼ばれたりもします。ジャンプ率もコントラストと同じく、大きければ大きいほど良いということではありませんが、ある程度のジャンプ率を確保することで文章にメリハリをつけることができます。

ジャンプ率が高い　　　　　ジャンプ率が低い

タイトル
見出し
テキストテキストテキストテキ
ストテキストテキストテキスト
テキストテキストテキストテキ
ストテキストテキスト

タイトル
見出し
テキストテキストテキストテキ
ストテキストテキストテキスト
テキストテキストテキストテキ
ストテキストテキスト

ゲシュタルトとはドイツ語の「Gestalt：形、形態、形姿」に由来する言葉で、デジタル大辞泉で「ゲシュタルト」という言葉を調べてみると、次のように書いてあります。

▶ **ゲシュタルト**（〈ドイツ〉Gestalt）

《形態・姿などの意》知覚現象や認識活動を説明する概念で、部分の総和としてとらえられない合体構造に備わっている、特有の全体的構造をいう。形態。

ゲシュタルトの代表例は音楽のメロディーです。1つひとつの音をただ鳴らす（部分の総和）のとは別に、音の連なりによってメロディー（特有の全体的構造）を感じることができます。

「ゲシュタルト崩壊」という言葉は馴染みがあるかもしれません。ゲシュタルト崩壊とはつまり全体的構造が崩壊すること。例えば「め」というひらがな一文字を数分見続けていると、次第に「め」を文字として捉えることが難しくなり、数本の曲線の集まりに見えてきてしまいます。この現象がゲシュタルト崩壊です。

このように人間は形態を見るとき、無意識にいくつかのかたまりとして知覚・認知しようとする傾向があります。これはゲシュタルト原則（ゲシュタルトの法則）と呼ばれており、ゲシュタルト原則に沿って字・図形・画を配置することで認知負荷が下がり、わかりやすい状態に近づけることができます。

〈 ゲシュタルト原則の例 〉

近接

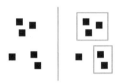

物理的に近い要素同士を
同じグループだと認識する

類同

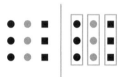

色・形・大きさなどが似ている要素
同士を同じグループだと認識する

囲み

囲っているものを
同じグループだと認識する

閉合

部分的に欠けていても、頭の中に
すでにある完成されたものを連想する

連続

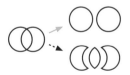

明示的に連続しているわけではないものを
連続したひとつのまとまりとして認識する

接合

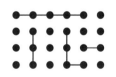

物理的につながっている要素
同士を同じグループだと認識する

面積

重なっている図は面積が小さい方が
主になるもの・手前にあるものとして
認識する

共通運命

同じ方向に動いている要素同士を
同じグループだと認識する

対称性

対象になっている要素同士を
同じグループだと認識する

図と地

領域を要素（図）と背景（地）に
分けて認識し地はほぼ
知覚されなくなる

　錯視とは視覚における錯覚のことで、「目は正常なのに実際の事象とは異なる知覚をしてしまうこと」を指します。

　錯視は長さや大きさなど、様々な視覚属性に影響を与えます。図解を作る際は、たとえデータ上は同じ図形や色などを使っていても、人間の脳には違うものに捉えられてしまう可能性があることに注意して図解を作りましょう。

〈 錯視の例 〉

ミュラー・リヤー錯視

同じ長さの線でも
矢羽を内向きにつけると線分は短く見え、
外向きにつけると線分は長く見える

エビングハウス錯視

同じ大きさの円でも
大きい円に囲まれると小さく見え、
小さい円に囲まれると大きく見える

デルブーフ錯視
（外円の過小視）

円の内側に少し小さい円を描くと
外側の円が小さく見える

デルブーフ錯視
（内円の過小視）

円の外側に少し大きい円を描くと
内側の円が大きく見える

ポンゾ錯視

2つの線や丸はそれぞれ同じ長さ・
大きさだが頂点に近い方が長く・
より大きく見える

ジャストロー錯視

2つの図形は同じ大きさだが
内側に置かれた方が大きく見える

ダイヤモンド錯視

2つの正方形は同じ大きさだが、
45度傾けた方が大きく見える

ポッゲンドルフ錯視

斜線は一直線上にあるが、
断片がずれているように見える

カフェウォール錯視

灰色の水平線が上から順に
右・左・右・左に傾いて見える

オッペル・クント錯視

右から2番目の縦線はちょうど
左右端の線分の中間の位置にあるが、
右に寄って見える

ヘルムホルツの正方形

正方形の中に縞模様を描くと、
横縞だと縦長に、縦縞だと横長に見える

フィック錯視

縦線と横線は同じ長さだが、
縦線の方が長く見える

明るさの対比

暗い領域に囲まれた小領域は明るく見え、
明るい領域に囲まれた
小領域は暗く見える

色の対比

色のついた領域に囲まれた小領域は、
囲んだ領域の色と
反対の色に色づいて見える

シュブルール錯視

相対的に暗い面・明るい面を並べると、
暗い面の境界付近が暗く見える

▶「脳に従う」基準の例④：視線誘導

視線誘導とは視線の誘導、つまり人間の目が見る方向を意図的に導くことを指します。

人間の目はものを見るとき、視線の動く順番にパターンがあったり、そのパターンを崩すような強く視線を集める対象があったりします。

そのような視線の動く順番や視線を集めやすい対象が何かを理解した上で図解内に字・図形・画を適切に配置できると、自然な視線の動きに沿って内容を見ることができるため、認知負荷を下げやすくなるでしょう。

代表的な視線の動く順番のパターンには「Zの法則」や「Fの法則」があります。視線の動かし方がアルファベットの"Z"や"F"に似ていることから、これらの名前がつけられています。

Zの法則はチラシなどの静的な画面や、書かれている内容の全体像をつかみたい場合の視線の動きの代表パターンです。

Fの法則はWebなどの動的な画面や、読みたい内容が書かれている部分を探索する場合の視線の動きの代表パターンです。

視線の動きのパターン① Zの法則

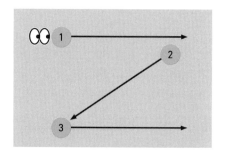

Zの法則

全体像をつかみたいときの
代表的な視線の動き

チラシや広告バナー、
HPのTop画面などで
使われやすい配置パターン

視線の動きのパターン② Fの法則

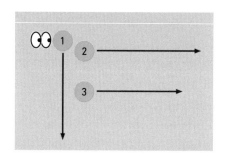

Fの法則

情報を探索したいときの
代表的な視線の動き

Webの検索結果やHPの
詳細画面などで使われ
やすい配置パターン

　Zの法則やFの法則が基本的な視線の動く順番ですが、大きな字
や図形・画はその順番を崩すような、視線を誘導する力が強い要素
です。あえてパターンとして捉えるならば、「大きい要素から小さ
い要素に視線が動く」とも言えるでしょう。大きな要素は視線を誘
導する力が強いため、Zの法則やFの法則を崩して、まず大きな要
素に視線を集めることができます。

法則が崩れるとき

Zの法則やFの法則が基本的な視線の動く順番ですが、大きな字や図形・画はその順番を崩すような、視線を誘導する力が強い要素です。あえてパターンとして捉えるならば、「大きい要素から小さい要素に視線が動く」とも言えるでしょう。

他にも視線を誘導する特殊な要素として、「人の顔の向き先」や「矢印の向き先」があります。例えば右を向いた人の顔や右向きの矢印を、そしてその方向の先に見せたい要素を配置することで、自然と見せたい要素に視線を誘導することができます。

視線誘導を促進する要素

人の顔の向き先

人の顔の向き先に配置すると…

喋っているようにも見えます！

矢印の向き先

Look Here!

Look Here!

Look Here!

メンタルモデルとは、人間が世界を理解するために用いている、脳内の認知的な構造・枠組みのことです。私たちが世界を知覚、認知し、さらには意思決定や行動に移すために役立つ抽象的なイメージや概念をメンタルモデルといいます。

例えば、森の中で野生のクマに遭遇したとしましょう。このとき、「野生のクマは危険だ」というメンタルモデルを持っている人は逃げるかもしれませんし、「野生のクマに遭遇したときは逃げると危険だから死んだふりをすべきだ」というメンタルモデルを持っている人は死んだふりをするかもしれません。また、「野生のクマは狩りの絶好の獲物だ」というメンタルモデルを持っている人はクマを狩る行動に移るかもしれません。

このように、メンタルモデルは人間が起きた出来事に対してどのような意味づけをして、判断や行動に移すかに大きな影響を与えます。**メンタルモデルは個人や文化によって異なることも多々あり、行動の結果によって更新されることもあります。**

視線誘導の項目で「Fの法則」や「Zの法則」を説明しましたが、これは「文章は左から右に向かって読むものだ」というメンタルモデルがある人に対して通用する法則です。

「くるみ」という言葉を見たとき、現代の日本人は左から右に「くるみ」と読むでしょうし、アラビア語圏の人たちであれば「みるく」と右から左に読もうとするでしょう。

"現代の日本人"とあえて書いたのは、平安時代の日本人であれば右から左に「みるく」と読む可能性が高いからです。というのも、平安時代では巻物のように、縦書きで右から左に文字を読み書きすることが一般的でした。平安時代では「右から左に文字を読むと意味がつかめる」「右から左に文字を書くのが正しい」というメンタルモデルを大多数の日本人が持っていたことでしょう。このように、

同じ国でも時代が違えばメンタルモデルは変わります。私たちは生まれてから今までの体験・経験によってメンタルモデルを構築し、メンタルモデルに頼ったり縛られたりしながら生きているのです。

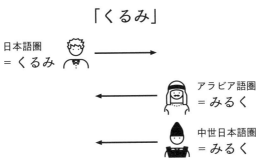

視線誘導を促進する要素

「くるみ」

日本語圏
＝くるみ

アラビア語圏
＝みるく

中世日本語圏
＝みるく

　図解をするときに特に注意したいのが、マル（○）とバツ（×）のメンタルモデルです。日本では一般的にマルが「決定・はい・OK・正解」、バツが「キャンセル・いいえ・NG・不正解」などの意味記号として使われていますが、欧米などでは逆の意味合いとして使われています。

　実際に、ソニー・インタラクティブエンタテインメントが発売する家庭用ゲーム機「PlayStation®」シリーズのコントローラーには「○・×・□・△」の4つのボタンがありますが、日本では「PlayStation 4」までは○ボタンに決定、×ボタンにキャンセルが割り当てられていました。しかし、「PlayStation 5」からは欧米でのメンタルモデルに統一され、欧米同様、○ボタンにキャンセル、×ボタンに決定が割り当てられることになりました。

　図解を見せたい対象がどんなメンタルモデルを持っているかを想定して作らないと、真逆の意味に捉えられてしまう可能性もあるということです。

　また、"たとえ話"もメンタルモデルに深く関連しています。

　たとえ話とは、ある事柄を理解したいときや理解させたいときに、他の事柄に置き換えることで理解を促進する方法のことです。

　たとえ話をすると「話がわかりやすくて助かる」と評価されることもあれば「たとえ方が下手」と評価されることもあります。

　たとえ話の上手さやわかりやすさは、情報の受け手のメンタルモデルにどれだけ寄り添えるかで決まります。

　例えば「この土地の広さは6,400ヘクタールです」と言われてもピンとくる人は少ないはずです。多くの人に「1ヘクタールがどのぐらいの大きさなのか」というメンタルモデルがないため、認知することが難しいのです。

　そこで「6,400ヘクタールはだいたい東京ドーム1,300個分です」と補足するとどうでしょうか。1ヘクタールよりも東京ドームの方が、どのぐらいの大きさなのかというメンタルモデルを持っている人が多いでしょうし、たとえ東京ドームの広さを知らなくても、名古屋ドームや甲子園球場など、似たようなメンタルモデルからだいたいの大きさをイメージできる人は増えそうです。

　さらに「東京ドーム1,300個分は山手線1周の内側とほぼ同じです」とさらに付け加えてみましょう。「東京ドームには行ったことがないけれど山手線には日常的に乗っている人」には、特にその大

きさがより"わかりやすく"なったのではないでしょうか。東京ドームに対するメンタルモデルと、山手線1周に対するメンタルモデルの解像度に差があり、より解像度の高いメンタルモデルに照らし合わせて考えられると、物事はよりわかりやすくなります。

　逆に、日本のことをまったく知らない外国人に「東京ドーム1,300個分」「山手線1周分」とたとえてもわかりやすくはなりません。東京ドームや山手線に対するメンタルモデルがないからです。わかりやすいたとえ話をするには、対象がどんなメンタルモデルを持っているのかを意識する必要があるのです。

　たとえ話は日常でもいろいろなところで使われている表現方法なので、ぜひ探してみてください

> ▶ **例**
> - 「レモン1000個分のビタミンC」と書かれた清涼飲料水
> - 「りんご5個分の重さ」の体重のキャラクター
> - コンサルティング会社などが使うフレームワーク「空・雨・傘」

ここまで、図解の作りかたの3つの手順と、2つの基準を紹介しました。

　図解は、要素と関係を「目に従う」と「脳に従う」という2つの基準を持って、「整理」「整頓」「図化」することで作ることができます。

　たとえどんなに複雑な情報を図解するとしても、手順を何度か繰り返すことはあるかもしれませんが、やることは変わりません。

　とはいえ、図解にはある程度の"型"があります。型とはフレームワークと呼ばれるものです。いろいろなものを図解するとしても、見せ方はだいたいいくつかのパターンに落ち着きます。たとえば、図解の作り方の手順で登場した「表」も図解のフレームワークのひとつです。

　第4章では図解のフレームワークを紹介していきます。フレームワークをあらかじめ知っておくと、「この情報はこの図解フレームワークで表現すると良さそうだな」とイメージしやすくなるので、よりスムーズに図解が作れるようになります。

第 4 章

図解のHow
②
図解化のための基本の型
「図解フレームワーク9」

身の回りの図解の9割は、9つのフレームワーク
「図解フレームワーク9」の組み合わせで表現されます。
それぞれの概要、使い時、特徴や注意点を紹介するので、
「伝わる図解」を作る際のヒントとなるほか、
図解を見極める目を養います。

9割の図解を表現できる9つの型

「何がどこにあるか」

＝

情報の"比較"に焦点を当てる

マトリックス	マッピング	グラフ
Matrix	Mapping	Graph

「どのように見えるか」

＝

情報の"構造"に焦点を当てる

オイラー	ツリー	ピラミッド
Euler	Tree	Pyramid

「何がどのように機能するか」

＝

情報の"順序"に焦点を当てる

コリレーション	フロー	サイクル
Correlation	Flow	Cycle

図解を司る基本のフレームワーク

　第4章ではよく使われる図解の型、フレームワークを紹介します。**フレームワークとは「思考の枠組み」のこと。図解には大きく分けて3つのカテゴリー、9つのフレームワークがあります。** 私の体感ですが、世の中にある図解の9割は、これから紹介する9つのフレームワーク「図解フレームワーク9」そのものか、もしくはそれらの組み合わせで表現することが可能です。

　「図解フレームワーク9」を知っておくと、何か図解を作るときに「今回はこれを伝えたいからこのフレームワークを使おう」とイメージしやすくなります。また、図解を見たときに「この図解はこのフレームワークで作られているな」「こんな表現方法もあるのか」と図解をカテゴライズできるので、図解そのものの理解が進んだり、表現方法のストックを増やすことができます。

　逆にデメリットとしては、何でもフレームワークに当てはめようと思考停止に陥りやすくなることや、新しい表現方法のアイデアを思いつきづらくなる可能性があることです。フレームワークはあくまで表現方法の参考として使うのみに留めて、思考パターン自体がフレームワークに乗っ取られないように注意しましょう。

　さて、フレームワークのメリット・デメリットをおさえたところで、まずは9つのフレームワークの全体像を見ていきましょう。

図解フレームワーク9

　「図解フレームワーク9」は情報の何に焦点を当てるのかという切り口で、大きく3つのカテゴリーに分けられ、カテゴリーごとに3つ、合計3×3＝9つのフレームワークから構成されています。

図解フレームワーク9

マトリックス　　　　マッピング　　　　グラフ

オイラー　　　　　ツリー　　　　　ピラミッド

コリレーション　　　フロー　　　　　サイクル

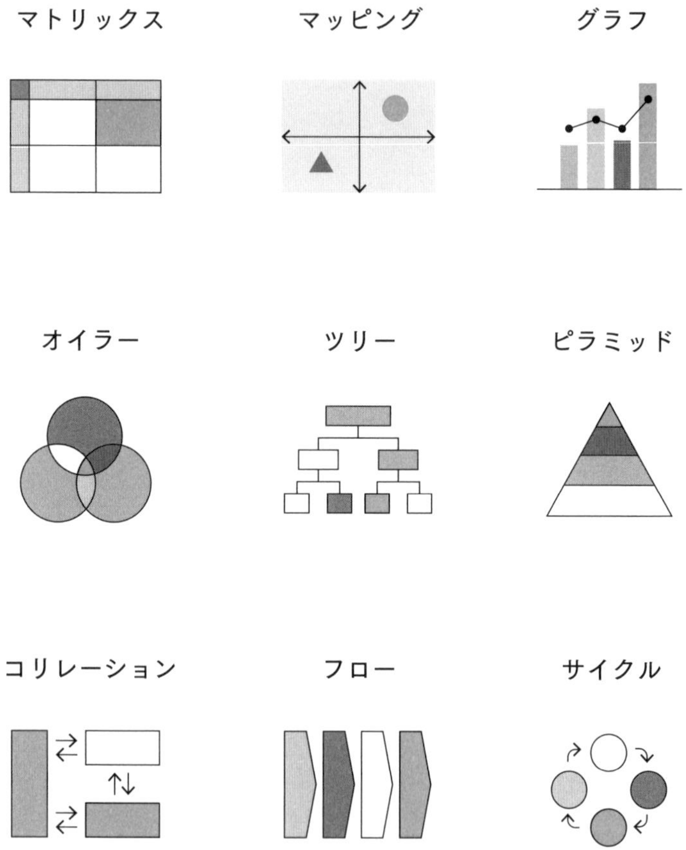

ここで図解を意味する英単語「Diagram」を「ロングマン現代英英辞典」で調べたときの定義を振り返ってみましょう。

▶ **di・a・gram**

a simple drawing or plan that shows exactly where something is, what something looks like, or how something works

　和訳は「何がどこにあるか、どのように見えるか、または何がどのように機能するかを正確に示す簡単な図または計画」でした。
　実は、この定義の前半部分にある「何がどこにあるか」「どのように見えるか」「何がどのように機能するか」の3つが、「図解フレームワーク9」の3つのカテゴリーと対応しているのです。

「何がどこにあるか」 = ①情報の"比較"に焦点を当てる

　何がどこにあるかとは、情報の要素と関係のうち、要素に焦点を当てた表現です。それぞれの要素が関係性の中でどこに位置するか、要素同士を比較することで見えてきます。
　例えば部屋の中に机と椅子と本棚があるとしましょう。このとき、「（部屋の中に）何がどこにあるか」とは、机、椅子、本棚の3つの要素が、東西南北という関係性の中で部屋のどこに位置するのかという、要素同士の比較をする行動を指します。

「どのように見えるか」 = ②情報の"構造"に焦点を当てる

　どのように見えるかとは、情報の要素と関係のうち、関係に焦点を当てた表現です。親要素をある関係の切り口で分解したときに、子要素がどんな関係性で成り立っているのか、子要素同士の関係性を構造化することで親要素の全体像が見えてきます。
　先ほどと同じ部屋を例にしてみましょう。このとき「（部屋の中が）どのように見えるか」とは、机と椅子と本棚が壁に沿って配置され

ていて空間が広く見える、机と椅子は黒色だけれど本棚が赤色なので本棚が目立って見える、机と本棚はチープだけれど椅子だけ高価に見えるなど、位置・色・価格などの関係性の切り口を組み合わせることで、部屋自体を構造的に捉えることを指します。

「何がどのように機能するか」＝③情報の"順序"に焦点を当てる

何がどのように機能するかとは、情報の要素と関係のうち、関係に焦点を当てた表現です。各要素がどの順番でどのように振る舞うのか、要素自体や要素間の振る舞いを順序化することで全体のシステムが見えてきます。

同じく部屋を例にしてみましょう。このとき「（部屋の中の）何がどのように機能するか」とは、椅子は人が座れる、机は人が本を置いて広げられる、本棚は大量の本を格納できるという機能があり、「①本を本棚から取る②椅子に座る③机に本を置いて読む」という順序で機能させることで、部屋自体を1つの読書システムとして捉えることを指します。

図解の定義と「図解フレームワーク9」の関係

diagramの定義		図解フレームワーク9
1.何がどこにあるか ⟶	比較化する	マトリックス / マッピング / グラフ
2.どのように見えるか ⟶	構造化する	オイラー / ツリー / ピラミッド
3.何がどのように機能するか ⟶	順序化する	コリレーション / フロー / サイクル

を正確に示す簡単な図または計画

まずは比較・構造・順序のどこに焦点を当てるのかを意識すると、適切なフレームワークを選びやすくなります。

では「図解フレームワーク9」を1つずつ順に見ていきましょう。

①マトリックス（Matrix） | 情報の要素を比較する

▶ 図解例

業界の業績比較

	2019年	2020年	2021年
A業界	3,200億円	4,300億円	3,800億円
B業界	1,700億円	2,200億円	2,900億円

マトリックスとは日本語で「表」のこと。論文などでは表と図は区別されていますが、本書では図のパターンの中に表があると考えます。要素同士の「違い」を比較したいときに使う型です。

▶ **使い時**

図解を作るとき、複数の選択肢があり、選択肢同士を比較したいとき、モレやダブリを探したいときに便利です。

▶ **特徴・注意点**

マトリックスは図解作成の3Stepに登場します。つまり、これから紹介する残り8つの図解フレームワークに変換することが可能なジョーカー的存在であり、図解の基本となる型です。

特徴① ［象限内にグラデーションがない］

マトリックスには象限内にグラデーションがありません。

象限とは、平面上において直線で区切られた領域のことを言います。例えば、2行2列のマトリックスなら象限の数は4つ、3行3列のマトリックスなら象限の数は9つです。

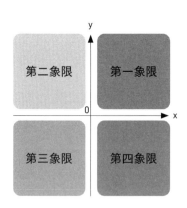

そして、マトリックスの場合、同じ象限内の別の位置に異なる
要素を置いても、要素の持つ意味は同じで違いがありません（＝
グラデーションがない）。

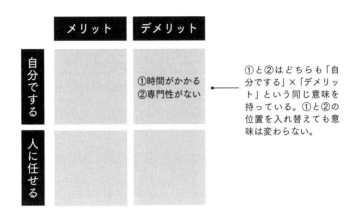

①と②はどちらも「自分でする」×「デメリット」という同じ意味を持っている。①と②の位置を入れ替えても意味は変わらない。

特徴② [モレやダブリを見つけやすい]

　自分の思考をマトリックスで表現すると、文章では見落としがちなモレやダブリに気づきやすくなります。それがMECE (mutually exclusive, collectively exhaustive) に、つまり、モレなくダブリなく考えられているかを確認しやすくなります。モレやダブリを見つけられると、モレをどう埋めるか、ダブリをどうなくすかというように、次の思考に進むことができます。

②マッピング（Mapping）｜情報の要素を比較する

▶ 図解例

最寄駅から目的地までの道順

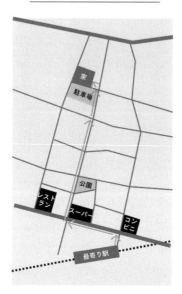

コーヒーの風味の分布

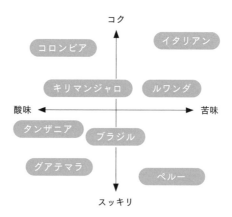

マッピングはその名のとおり、地図（Map）のように平面上に要素をプロットしていく図解のことです。一般的な地図は経度と緯度という軸で等間隔に地表を区切り、そこに建物や自然、地形をプロット（点を打ち描画）しています。要素同士の「位置」を比較したいときに使う型です。

▶ 使い時

パッと見て要素同士の位置関係を理解したいときや2つの関係（軸）に相関があるかを知りたいとき、"空きポジション"を知りたいとき、伝えたいときに便利です。

▶ 特徴・注意点
特徴①［象限内にグラデーションがある］

マッピングには象限内にグラデーションがあります。つまり、同じ象限内でも、どの位置に要素を置くかによって意味合いが変わるのが特徴です。

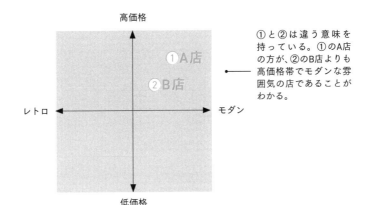

①と②は違う意味を持っている。①のA店の方が、②のB店よりも高価格帯でモダンな雰囲気の店であることがわかる。

特徴② ［相関性や"空きポジション"を表現できる］

　マッピングの作る手順は、まず縦軸と横軸にとる切り口を決め、次に決めた2軸上に要素をプロットしていきます。要素をプロットすることで、2軸の間にどれだけ相関性があるのかや、要素がプロットされていない象限（＝空きポジション）を表現することができます。

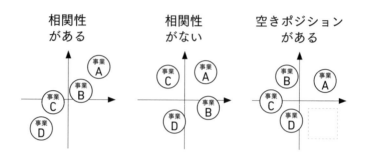

　マッピングは、エクセルなどの表を眺めているだけではイメージしづらい、複数の要素同士の位置関係や相関関係を視覚的に理解しやすいフレームワークです。

③グラフ（Graph）｜情報の要素を比較する

▶ 図解例

1か月に何冊本を読むか比べる

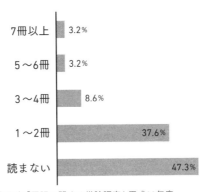

7冊以上　3.2%
5〜6冊　3.2%
3〜4冊　8.6%
1〜2冊　37.6%
読まない　47.3%

※出典：文化庁「国語に関する世論調査」平成30年度

文章力をレーダーチャートで見せる

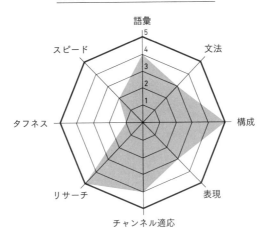

▶ 概要

グラフは要素同士の数値・数量の関係を描いた図解のことです。棒グラフや折れ線グラフ、円グラフをはじめ、さまざまな表現方法があります。要素同士の「数値」を比較したいときに使う型です。

▶ 使い時

要素が持つ数値や数量の関係を比較したいときや、集めた数値データから全体の傾向や変化を理解したいとき、アンケートなどで得られた定量的な結果をわかりやすく表現したいときに使います。

▶ 特徴・注意点

注意点①［目的によってグラフを使い分ける］

グラフではデータをもとに何を伝えるかによって、さまざまな種類のグラフから適切なものを選ぶ必要があります。

単純に数量の大小を見せたいなら「横棒グラフ」、時系列の中での数量の変化を見せたいなら「縦棒グラフ」や「折れ線グラフ」、全体の中での割合や構成比を見せたいなら「円グラフ」が適している場合が多いでしょう。

構成比を比較したい場合は「帯グラフ」も検討してみます。また、数量の散らばり具合を見せたいのであれば「ヒストグラム」や「散布図」も使えるかもしれません。

「散布図」はマッピングとも捉えられますが、散布図はプロットする要素が単純な数値データであるのに対して、マッピングでは要素に字や図形など、より複雑な情報を使う点が違います。

その他、「レーダーチャート」のようなグラフもあります。

数量の大小 ⇒横棒グラフ	時系列の数量変化 ⇒縦棒グラフ・折れ線グラフ	割合・構成比 ⇒円グラフ
構成比の比較 ⇒帯グラフ	数値の散らばり具合 ⇒ヒストグラム・散布図	その他 ⇒レーダーチャート
	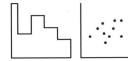	

注意点② [良くも悪くも、人は数字を信じやすい]

　人は数字で示されると、事実だと信じやすい傾向があります。

　例えば「これが成功する確率はかなり高いです」と言われるよりも「これが成功する確率は85％です」と言われた方が、なんとなく信憑性があるように思えてしまいます。

　重要なのは、主張に数字があるかないかではなく、その主張が事実なのか、根拠があるかないかのはずです。「数字＝事実」ではありません。

　また、数字を使うと、都合の悪い事実を隠し、都合の良い事実だけを見せることもできます。

　例えばある高校（A高校）が、「A高校は、B大学への合格者数が去年は50人、今年は60人と1.2倍になりました！」と宣伝していたとしましょう。

　一見、A高校は去年よりもB大学への進学成績が良さそうに見えます。しかし、実はB大学の定員が去年は1,000人で、今年は1,500人に増えていたらどうでしょうか。

　定員当たりの合格率で計算し直すと、去年は50/1000×100

＝5％、今年は60/1500×100＝4％と1％下がっていて、B大学への合格率は去年よりも悪かったことになります。A高校は進学実績を良く見せたいがために、下がってしまった合格率ではなく、増えた合格者数をアピールしていたのです。

　このように、数字には（作り手に都合の良いように）加工がしやすいという特徴があります。数字を見たときはそれを鵜呑みにせず、どんなデータを使っているのか、作り手の意図は何なのかなど、数字の裏にある背景まで意識したいものです。

④オイラー（Euler）｜情報の関係を構造化する

▶ **図解例**

IKIGAIの構造を説明する

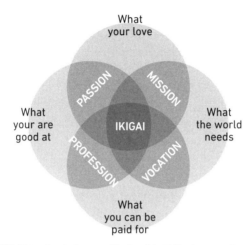

出典：Héctor García, Francesc Miralles, *Ikigai：The Japanese Secret to a Long and Happy Life*, Penguin, 2017

30人にインタビューした結果を示す

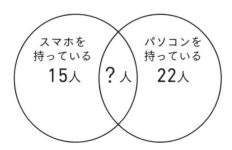

▶ **概要**

オイラーはオイラー図の略称。集合同士の関係性を描いた図解のことです。スイス生まれの数学者であるレオンハルト・オイラーが考案したことにちなんでオイラー図と呼ばれています。複数の要素や関係の「重なり」を構造化したいときに使う型。一般的には円を重ね合わせて表現します。

▶ **使い時**

複数の条件の重ね合わせによって重要なことを説明したいときや、複数の要素や関係同士の掛け算によってある要素が成立することを説明したいときに使います。

▶ **特徴・注意点**

注意点① ［重ね合わせる円の数は2つ〜4つ］

株式会社リクルートが考案したといわれているフレームワーク「Will-Can-Must」がオイラーの代表例です。

ただし、オイラーでは重ね合わせる円の数を2個→3個→4個と増やしていくと、表現できる領域の最大数が4個→8個→16個と増加し、複雑な図解になってしまいます。相手が理解しやすい状態にするには、重ね合わせる円は多くても4つまでにしましょう。

円の数と表現できる領域の最大数

円の数＝2　　　　円の数＝2　　　　円の数＝4
領域の最大数＝4　　領域の最大数＝8　　領域の最大数＝16

注意点②［オイラー図とベン図の違い］

　先ほどの画像に示されているオイラー図は、ベン図とも呼ばれています。

　ベン図とは「オイラー図のうち、全ての交差する領域（集合）を示したもの」で、円の数をn個とするときのベン図は、領域の数が必ず2のn乗個になります。

　つまり、「オイラー図ではあるけれどベン図ではない図」と、「オイラー図でもありベン図でもある図」があるということです。全ての組み合わせをモレなくダブリなく表現したいときは、オイラー図がベン図になっているかを確認しましょう。

オイラー図とベン図

**オイラー図ではあるが
ベン図ではない図**

**オイラー図でもあり
ベン図でもある図**

⑤ツリー（Tree） | 情報の関係を構造化する

▶ 図解例

プレゼンテーションを構造化する

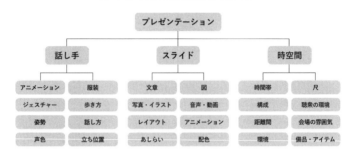

徳川家の略系図

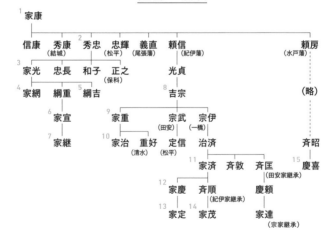

ツリーは要素の階層や分解構造を描いた図解のことです。樹木のように枝分かれした見た目から、ツリー図、樹形図などとも呼ばれます。複数の要素の「階層」や「分解」の構造を表現したいときに使う型です。

▶ 使い時

複数の要素や関係同士の足し算によってある要素が成立することを説明したいときや、ある物事をMECEに要素分解して考えたり、表現したりしたいときに使います。

▶ 特徴・注意点

特徴① ［要素の数が多くなっても全体感を失いづらい］

ツリーで要素を1つ増やしたいときに増えるものは、要素1つと線1本だけ。図全体を通して関係性が統一されているので、関係性の説明が省略されることが多く、かつ親要素と子要素は一対一で結びつくので、要素の数が多くなっても図解がごちゃつきにくく、全体像を捉えやすいという特徴があります。

ツリーの代表例としては、会社の組織構造を表す組織図や、課題解決のフレームワーク「ロジックツリー」などが当てはまります。

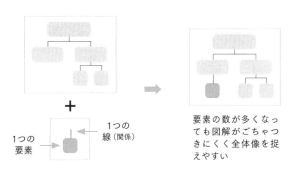

＋

1つの要素 → 1つの線（関係）

要素の数が多くなっても図解がごちゃつきにくく全体像を捉えやすい

特徴② ［困ったときはカテゴリー「その他」が使える］

　ツリーは親要素をさらに細かい子要素に分解し、その親子関係や全体像を伝えるときに活用できるフレームワーク。子要素をすべて足し合わせると親要素になる"足し算の要素分解"、または子要素を全て掛け合わせると親要素になる"掛け算の要素分解"のどちらかのロジック、またはその組み合わせで作ります。

　特に"足し算の要素分解"で作る場合は、万能な子要素カテゴリー「その他」を使うことができます。うまく子要素に分解できずに困ったり、子要素の数が多すぎて図がごちゃついてしまうときは、「その他」としてまとめて子要素にすることができます。

掛け算の要素分解

子要素に分解するときは掛け算が成り立つように要素を考えきる必要がある

足し算の要素分解

子要素の分解に困ったときは万能カテゴリー「その他」が使える

⑥ ピラミッド（Pyramid）｜情報の関係を構造化する

▶ 図解例

マズローの欲求5段階説

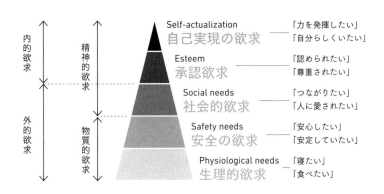

主張と根拠の関係

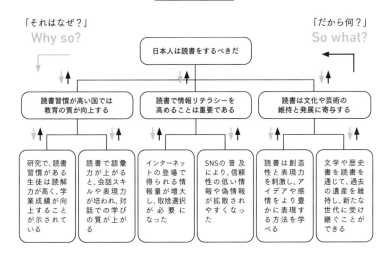

ピラミッドは要素同士の「段階」や「主張−根拠」の関係を表現した図解のこと。三角形をモチーフに、三角形内を区切って段階を表現することで、ピラミッドを横から見たような見た目になります。複数の要素の「段階」や「主張−根拠」の構造を表現したいときに使う型です。

▶ 使い時

いくつか段階的に質や量が変化していく構造を表現したいときや、自分が伝えたい主張と、その理由を整理整頓したいとき、視覚的に相手に伝えたいときに使います。

▶ 特徴・注意点

特徴① ［表現方法は２パターン］

ピラミッドの表現方法には、大きく分けて２つの図解パターンがあります。

１つ目のパターンは「段階」です。ピラミッドの下段がより基礎的な段階、上段がより発展的な段階を表します。

代表例としては「マズローの欲求５段階説」や「カースト制度」が有名なところでしょう。

上段になるにつれて到達する難易度が高くなったり、社会的や経済的に豊かになっていくことが多いです。

２つ目のパターンは「主張−根拠」です。ピラミッドの下段が、１つ上の段を補足する根拠や原因（Why so?）に、上段が１つ下の段から導かれる主張や結果（So what?）になっている表現です。

代表例としては「ピラミッドストラクチャー」が該当します。

上段になるにつれて要素の数や量が減ったり、抽象度が上がっていくことが多いです。

ピラミッドストラクチャーの見た目はツリーにそっくりですが、

図解の型としてはツリーではなくピラミッドに分類されます。

これは、ツリーは要素の"階層"や"分解"など、全体ー部分の構造に焦点を当てたフレームワークであるのに対し、ピラミッドストラクチャーを含むピラミッドは、"段階"や"主張・根拠"などの積み上げの構造に焦点を当てたフレームワークだからです。

ツリー（組織図）

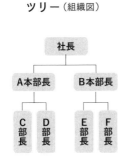

「組織図」などでの役職は組織全体の一部分を示す要素なのでツリーで表される

ピラミッド（評価制度）

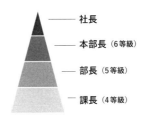

社長
本部長（6等級）
部長（5等級）
課長（4等級）

「評価制度」などでの役職は積み上げていく構造の要素なのでピラミッドで表される

⑦ コリレーション（Correlation） ｜ 情報の関係を順序化する

▶ 図解例

学習アプリをとりまく構造

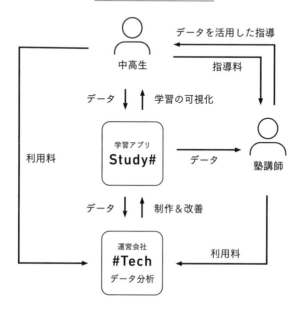

桃太郎の関係図

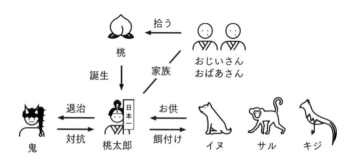

▶ 概要

コリレーションは日本語で「相関」。コリレーションとは要素同士の相互関係を描いた図解のことです。複数の要素の「関わり合い」の構造を表現したいときに使う型です。

▶ 使い時

複数の要素の関係性に焦点を当て、その全体像を伝えたいときや、ビジネスモデルなどのシステムを企画したり、分析したいときに使います。

▶ 特徴・注意点

特徴① ［流れを捉えやすい］

コリレーションの代表例としては、ビジネスモデルの図解や人物相関図があります。

たとえば、10人の人物が登場する恋愛リアリティーショーの恋愛関係を文章だけで伝えようとすると、関係性の全体像をつかむことはなかなか難しいのではないでしょうか。

文章の代わりにコリレーションで表現してみると、誰が誰に恋心を抱いているか、誰と誰が恋敵か、三角関係があるのかないのかなど、関係性の流れや全体像が捉えやすくなります。

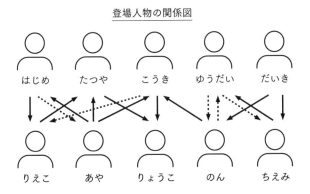

登場人物の関係図

特徴②［関係性を矢印で表現する］

　コリレーションでは要素同士の相互関係を矢印で表現します。要素と要素の間には基本的に双方向の矢印、または一方向の矢印が2つ描かれます（煩雑さを防ぐために、重要でない矢印は描かずに省略されることもあります）。

　そのため、要素の数が増えるにつれて、図解内に描かれる矢印の数も増え、図解全体がごちゃつきやすいのが特徴です。スッキリ見せるためには、矢印がなるべく重ならないように要素を配置できないか検討してみましょう。

⑧ フロー（Flow）｜ 情報の関係を順序化する

▶ 図解例

プログラム設計フロー

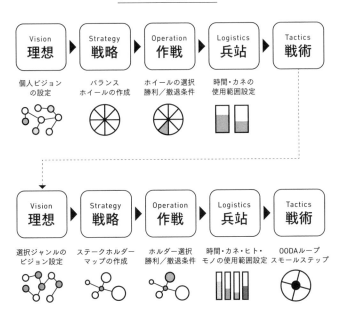

タイプ診断

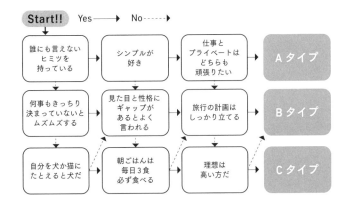

フローは日本語で「流れ」。要素の一方向的な順序関係を描いた図解のことをいい、フローチャートやステップ図とも呼ばれます。複数の要素の「順序」を表現したいときに使う型です。

▶ 使い時

相手にしてほしい行動が複数あり、かつその行動の順番が決まっているときや、「誰がどの順で何をするか」が重要、かつある程度複雑な作業マニュアルなどを作成するときに使います。

▶ 特徴・注意点
特徴① ［関係性を一方向の矢印で表現する］

「はい」「いいえ」の矢印をたどるタイプ診断や、サービスページの「ご利用の流れ」、システムの仕様や処理の流れを記載するシーケンス図などがフローの代表的な図解例にあたります。

先ほど説明したコリレーションとは違い、要素同士の順序関係を表現するフローの場合は、要素と要素の間には基本的に一方向の矢印しか描かれません。

例外として双方向の矢印が描かれるものには、プログラム設計時に使われるフローチャートでのループ処理などがあります。しかし、これもコリレーションのように"お互いが関係している"という相関の意味での双方向の矢印ではなく、あくまで"一方向の時間の流れの中で、処理が繰り返されている"という意味での双方向の矢印に過ぎません。

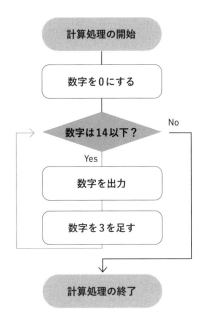

注意点①［流れの方向は「上から下へ」「左から右へ」］

　フローで各要素を配置する順番や矢印の矢羽の方向は、「上から下へ」「左から右へ」が鉄則です。

　理由は第3章でも説明したとおり、日本人のメンタルモデルでは文字を読む方向や時間の流れが「上から下へ」「左から右へ」になっているからです。目や脳の自然な処理の流れに沿うことを忘れずに意識しましょう。

⑨サイクル（Cycle）｜情報の関係を順序化する

▶ 図解例

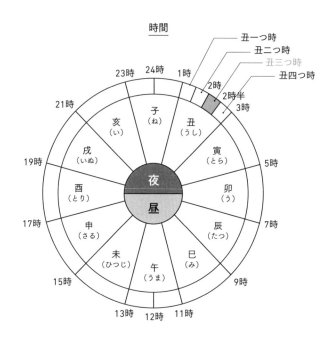

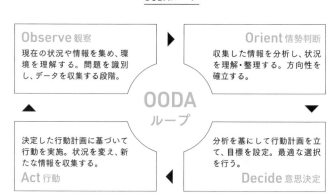

▶ **概要**

サイクルは日本語で「循環」。複数の要素の順序がひとまわりして元の要素に返る、繰り返しを表現した図解のことをいいます。循環図とも呼ばれます。複数の要素の「循環」を表現したいときに使う型です。

▶ **使い時**

毎日の習慣など、何かしらの複数の要素や手順が繰り返されることを表現したいときや、好循環に入る・続ける、または悪循環に陥らない・脱するための鍵となる要素や方法を探ったり伝えたりしたいときに使います。

▶ **特徴・注意点**

特徴①［循環に焦点をおく］

サイクルの代表例としては、業務管理の改善フレームワーク「PDCA」などがあります。

これまでも見てきたように、コリレーションやフローなどの他のフレームワークでも矢印が双方向に向いている、つまり関係性が循環しているように見えるものは存在します。しかし、サイクルではその循環自体に図解の焦点を当てているというのが、他のフレームワークとの違いです。

サイクルでは循環すること、回り続けることが図解の内容として重要であるのに対して、コリレーションやフローでは循環していること自体を主旨として伝えたいわけではありません。

あくまでコリレーションは相関を、フローは流れを表現するために採用されるフレームワークなのです。

注意点①［流れの方向は「時計回り」「左または上からスタート」］

　サイクルにもフローと同様に、各要素を配置する順番や矢印の矢羽の方向に鉄則があります。「時計回り」と「左または上からスタート」の2つです。

　理由はフローのときとまったく同じで、日本人のメンタルモデルでは時間の流れは「時計回り」が、文字を読み始める位置は「左または上から」が一般的だからです。

　明確な理由、意図がない限りは、メンタルモデルに従って図解を作るとよいでしょう。

「図解フレームワーク9」は全て 「マトリックス」に変換できる

マトリックスのページでも説明したとおり、「図解フレームワーク9」は全てマトリックスに変換することができます。

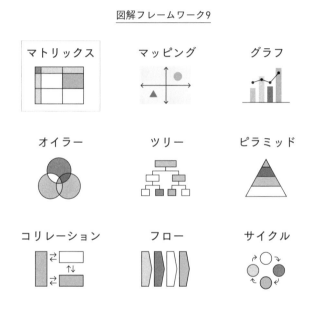

図解フレームワーク9

マトリックス　　マッピング　　グラフ

オイラー　　ツリー　　ピラミッド

コリレーション　　フロー　　サイクル

3Stepで文章を図解に変換

文章 ➡ 箇条書き ➡ 表 ➡ 図解

Step.1 整理　　Step.2 整頓　　Step.3 図化

例えば、マッピングは行に縦軸の数値を、列に横軸の数値をとり、要素を対応する象限に描けば表で表現できます。

　オイラーは行に要素を、列に1つずつの円が何を表すかをとり、象限には行の各要素が列に含まれるところに「〇」をつければ同等の表現が可能です。

※行と列のとり方はあくまで一例です。同じフレームワークでも、何を表現したいかによって行と列はいろいろなとり方ができます。

いろいろな図解の仕方：同じ情報の異なる見せ方

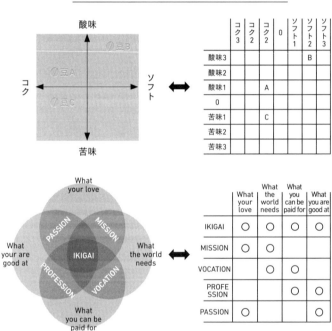

Héctor García, Francesc Miralles, *Ikigai：The Japanese Secret to a Long and Happy Life*, Penguin, 2017を元に著者が作成

　このように、マトリックス以外の他の8つのフレームワークは、内容をより認知的にわかりやすくするために図化の表現を変えただけの、マトリックスの派生の型に過ぎません。

「図解フレームワーク9」
以外の型の代表例

　世の中にある図解の9割は、「図解フレームワーク9」もしくはそれらの組み合わせで表現できます。ここでは残りの1割の中から2つの表現を紹介します。

　1つ目は「ハニカム図」です。

フレームワーク「UXハニカム」

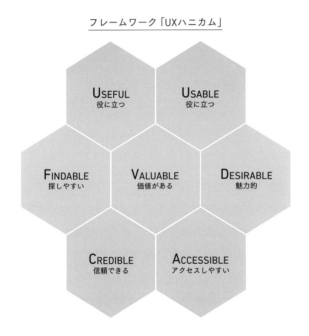

　ハニカム（honeycomb）とは蜂の巣を意味し、蜂の巣の見た目から正六角形が隙間なく並んだものを「ハニカム構造」と呼ぶようになりました。ハニカム図はそのハニカム構造の見た目で表現される図を指します。

　ハニカム図は中心の要素のまわりに6個の要素が隣接する場合に使うという、使い方が非常に限定的な構造をしています。

もう一つは、「マンセル色立体」と呼ばれる、3次元の図解です。

「マンセル色立体」とは色相、明度、彩度という3つの属性を使って、全ての色をひとつの立体空間に配置し、まとめたものです。他にも「オストワルト色立体」など、色立体には種類があります。

マンセル色立体　　　　　　　　オストワルト色立体

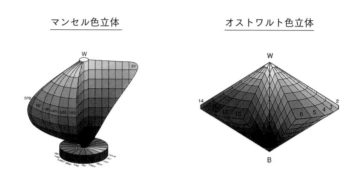

資料提供：武蔵野美術大学通信教育課程

　ここまで全て、2次元の図解について取り扱ってきましたが、図解には3次元のものも存在します。とはいえ、3次元の図解を目にしたり使う必要がある機会は少なく、構造も複雑になりがちで人力で描くことも難しいため、本書で紹介した図解の作り方および「図解フレームワーク9」では2次元の図解のみを紹介しました。

　マトリックス（＝表）の行と列に奥行きを追加し、3次元で表現することもできなくはないですが、認知負荷はどうしても上がってしまいます。うまく2次元に落とし込んだり、2次元のマトリックスを2つ描くことで表現できないかも考えてみるとよいかもしれません。

3次元化したアンゾフの成長ベクトル

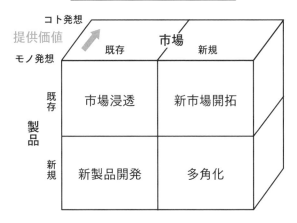

一方で、3次元のグラフやマンセル色立体のように、3次元だからこそ、美しく表現できる情報も数は多くないですが、存在します。

3次元グラフの例

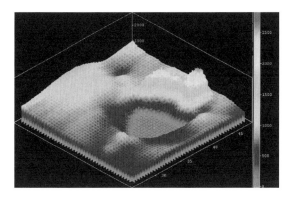

おわりに：わかりやすさの価値と弊害

わかりやすさの価値とは何でしょうか？

本書では、わかりやすさとは分けやすさであり、分けやすさとは差のつけやすさだという話をしてきました。つまり、わかりやすさの価値とは、差がつけやすくなることだ、というのが本書での結論です。

差がつけやすくなるからすぐわかる。すぐわかることは脳にとって楽だしやさしい。スッキリする、心地が良い、安心するといった感覚も生まれるかもしれません。時短にもなりますし、人とわかりあえると話が次に進んだり、気が合う感覚や、相手に自分を受け入れてもらえている感覚が得られることもあるでしょう。

「これわかるのすごいね」「こんなこともわからないの？」と、"わかることは良いこと"であり、"わからないことは悪いこと"であるという前提がある環境や場面に遭遇することが少なくありません。

図解は少ない手間で"わかりやすさ"を高められる表現ツールです。

一方で、わかりやすさの弊害についても、考えておきたいものです。

包丁やダイナマイトのように、大きな価値を提供する道具は、使い方によっては人を殺めるような凶器にもなり得ます。

今の例は大げさにしても、エレベーターやエスカレーターのように、立っているだけで移動できるという価値を提供する道具は、見方を変えれば、現代人から運動する機会を奪っているとも言えるでしょう。

価値と弊害は表裏一体。何かから便益や価値を得るときには、同時に何を失っているか、被っているか、失う可能性があるかなどを考えておきたいものです。

では、図解、ひいてはわかりやすさの弊害とは何でしょうか？

　私が一番恐れていること、皆さんに伝えたいことは"わかりやすさに慣れてはいけない"ということです。

　これまで述べてきたように、わかりやすさとは、作成者ならではの整理や整頓という加工を経て作られるもの。

　もとの情報から、作成者の主観で、さまざまなものが削ぎ落とされたり、変形させられたり、要約させられたものです。

　作成者の目的に沿って情報が捨てられるので、目的が変われば何が捨てられるかも変わります。

　極端な例を言ってしまえば、図解をはじめとするわかりやすい情報だけを取り入れることは、農薬まみれの餌を食べた豚の肉をさらに加工し、添加物を大量に入れたソーセージばかり食べているようなものです。

　それは、作られた"美味しさ"であり、それに慣れてしまうと、味覚が鈍化し、本来の美味しさがわからなくなってしまいます。自分から美味しさを見いだせなくなってしまいます。

　情報爆発が起きている現代では、ビジネスの世界では"わかりやすさ"は価値として至るところで提供されています。

　書籍の要約サービスや、動画の倍速再生機能が代表例でしょう。

　得られる情報が爆発的に増加したために、情報を得るスピードや得る情報の精度への要求が高まりました。

　すると、要点だけをまとめて時短で情報を吸収できる（ように感じられる）"要約"や、コンテンツを速く消費できる"倍速再生"の需要が増し、今では速く正しくわかりやすく情報を得られることの価値が、さまざまなところで取り沙汰されるようになっています。

　同時にわかりにくいものが出来の悪いもののように扱われたり、相手への配慮がなっていないものだと扱われたりするようにもなりました。

しかし、わかりにくさは悪でしょうか？

わかりやすいものだけを選り好みすることで、わかりにくさへの耐性が失われ、思考力や人間味まで失われてはいないでしょうか？

動画を倍速で再生し、冒頭数分でピンと来なければ視聴をやめる。

自分が理解できないと「あの人の話はわかりにくい」と決めつける。

相手の表情や姿勢、間、雰囲気は無視して、口から出た言葉だけに反射的に反応する。

わかりやすさがもてはやされている今こそ、わかりにくさへの姿勢や態度を振り返るときなのかもしれません。

本来、世界はとても複雑でわかりにくいものです。

さまざまなできごとが、さまざまな確率やタイミングの組み合わせで複雑に絡み合い、刻一刻と状況が変わり続けているのが、現実です。

人間の脳の働きについても、わからないことは、まだまだたくさんあります。

他の人が何を考えているかなんて、そうそうわからないし、自分のことだってわからない。わかったと思っても、すぐに変わってしまうものです。

もちろん、そんな世界だからこそ、わかることやわかりやすさには価値があります。

しかし、だからといって自分がわかることだけ、自分がわかりやすいものだけを評価したり、選り好みして摂取していると、わかりにくいことやわからないことへの耐性がなくなり、わかろうとすることをやめて拒絶してしまうかもしれません。わかりにくいことやわからないことの価値や面白さを見失ってしまうかもしれません。

世界はとても複雑でわかりにくい。でも、わかりにくいから面白

い。わかったと思ったのに、またわからなくなるから面白い。わかりにくいものをわかりやすくするプロセスこそが、面白いのです。

それを味わうためには、わかりやすさの受け手ではなく、作り手であり続けることが大切です。

図解はそのためのツールの1つ。図解を見るだけでなく、自分で試行錯誤しながら作ることで、複雑なものをシンプルにすることの難しさや奥深さを体験できます。自分で体験することで、図解を見たときに、相手がどんな目的や意図を持って作ったかを考えられるようにもなります。

わかりやすさには価値がある。でも、弊害もある。

わかりやすさという武器をうまく扱うためには、わかりにくさに自ら進んで飛び込むことが必要です。

シンプルを生み出すには、複雑を乗り越えなくてはなりません。

そして、複雑を乗り越える力は、複雑に向きあい続けることでしか得られません。

ぜひ一緒に、わかりやすく伝える術を身につけつつ、わかりにくさも拒まない、両方を味わう世界を楽しんでいきましょう。

図解がそのための1つの手段として、そしてこの本が最初のきっかけになるのなら、とてもとても嬉しいです。

巻末付録：図解とは何か

本書で紹介した内容をまとめました。おさらいにご利用ください。

▶ 図解の定義

- 図解とは、「誰かに速く・深く・正しく理解してもらうために、字・図形・画を用いて、分解の文法に沿って作られた図」のこと。「制作にかかる時間のわりに、理解効率が良い表現手法」であるため、他の表現手段の中から選ばれます。

図と図解の違い

	図 Figures	図解 Diagram
目的 Why	ある場合もない場合もある	「解き示す（＝理解させる）」という目的がある
要素 What	字・図形（Figure）・画	字・図形（Figure）・画
方法 How	特になし	「分解（dia）の文法（gram）」に沿って作る

4つの表現手段、図解・絵・文字・音声の比較

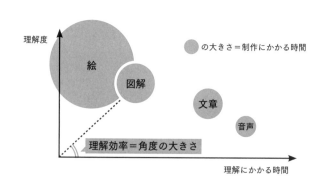

▶ **Why：なぜ作るのか？**

　図解は、理解してもらう（＝わかってもらう）ために、分解の文法に沿って作ります。つまり、良い図解というのは、理解しやすい図解。わかりやすい図解のことをいいます。わかりやすさとは、分けやすさのことであり、分けやすさとは、差のつけやすさのことをいいます。そのため、差をつけやすいように、対象の情報を適切に分解する必要があります。

▶ **What：何を使って作るのか？**

- 図解は、字（文字や記号）・図形（点、線、矢印、多角形など）・画（アイコン、イラスト、写真など）の３つの要素を組み合わせて作ります。

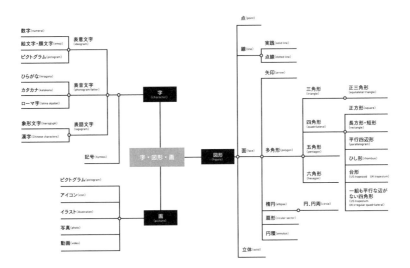

▶ **How：どうやって作るのか？**

• 情報の分解のしかたには、ある程度のお作法（文法）があります。

• 図解作成の3Stepは、①「整理」②「整頓」③「図化」です。

3Stepで文章を図解に変換

• 整理、整頓、図化の判断基準は次の2つです。

①目に従う（フォントサイズ、コントラスト、色覚多様性｜感覚の段階）

②脳に従う（コントラスト、ゲシュタルト、錯視、視線誘導、メンタルモデル｜知覚・認知の段階）

• 図解の9割は、「図解フレームワーク9」で表現できます。

①情報の"比較"に焦点を当てる：

…マトリックス、マッピング、グラフ

②情報の"構造"に焦点を当てる：

…オイラー、ツリー、ピラミッド

③情報の"順序"に焦点を当てる：

…コリレーション、フロー、サイクル

図解フレームワーク9

マトリックス

マッピング

グラフ

オイラー

ツリー

ピラミッド

コリレーション

フロー

サイクル

伝わる図解化

| 発行日 | 2023年 12月 22日　第1刷 |
| | 2024年　1月 17日　第2刷 |

Author	加藤拓海
Book Designer	新井大輔
DTP＋図表作成	小林祐司　上出祥子
Publication	株式会社ディスカヴァー・トゥエンティワン
	〒102-0093　東京都千代田区平河町 2-16-1 平河町森タワー 11F
	TEL　03-3237-8321（代表）03-3237-8345（営業）／ FAX　03-3237-8323
	https://d21.co.jp/
Publisher	谷口奈緒美
Editor	舘瑞恵　牧野類

Distribution Company

飯田智樹　蛯原昇　古矢薫　山中麻吏　佐藤昌幸　青木翔平　小田木もも　松ノ下直輝　八木眸　鈴木雄大
藤井多穂子　伊藤香　鈴木洋子

Online Store & Rights Company

小田孝文　川島理　庄司知世　杉田彰子　阿知波淳平　磯部隆　王廳　大﨑双葉　近江花渚　仙田彩歌
副島杏南　滝口景太郎　田山礼真　宮田有利子　三輪真也　古川菜津子　高原未来子　中島美保　石橋佐知子
伊藤由美　蛯原華恵　金野美穂　西村亜希子

Publishing Company

大山聡子　大竹朝子　藤田浩芳　三谷祐一　小関勝則　千葉正幸　伊東佑真　榎本明日香　大田原恵美
小石亜季　志摩麻衣　舘瑞恵　野村美空　橋本莉奈　原典宏　星野悠果　牧野類　村尾純司　元木優子
安永姫菜　浅野目七重　林佳菜

Digital Innovation Company

大星多聞　森谷真一　中島俊平　馮東平　青木涼馬　宇賀神実　小野航平　佐藤サラ圭　佐藤淳基　津野主揮
中西花　西川なつか　野﨑竜海　野中保奈美　林秀樹　林秀規　廣内悠理　山田諭志　斎藤悠人　中澤泰宏
福田章平　井澤徳子　小山怜那　葛目美枝子　神日登美　千葉潤子　波塚みなみ　藤井かおり　町田加奈子

Headquarters

田中亜紀　井筒浩　井上竜之介　奥田千晶　久保裕子　福永友紀　池田望
齋藤朋子　俵敬子　宮下祥子　丸山香織

Proofreader	文字工房燦光
Printing	日経印刷株式会社

ISBN978-4-7993-3001-2
TSUTAWARU ZUKAIKA byTakumi Kato
©Takumi Kato, 2023, Printed in Japan.